KOMPAKT-WISSEN WIRTSCHAFT

Manfred Wissel

Volkswirtschaft

STARK

www.stark-verlag.de
1. Auflage 2007

Inhalt

Autor: Manfred Wissel

Vorwort

Liebe Schülerinnen und Schüler,

dieser Band aus der Reihe „Kompakt-Wissen“ bietet Ihnen eine komprimierte Darstellung der wichtigsten Inhalte der Volkswirtschaftslehre. Der Band umfasst alle Themen, die in den Lehrplänen als unverzichtbar angesehen werden und neben ihrer Prüfungsrelevanz einen wichtigen Beitrag zur ökonomischen Bildung leisten. Damit Sie sich effektiv und schnell auf Klausuren und die Abiturprüfung vorbereiten können,

- werden die Inhalte knapp und dennoch verständlich und umfassend dargestellt.
- Die einzelnen Kapitel sind in überschaubare und gut einprägsame Unterkapitel gegliedert. Zentrale Begriffe sind farbig hervorgehoben, damit Sie sich schnell orientieren können und sich Ihnen das Wichtigste auf einen Blick erschließt.
- Zahlreiche Schaubilder und Grafiken veranschaulichen die im Text beschriebenen Zusammenhänge.
- Ein Stichwortverzeichnis am Ende des Buches ermöglicht Ihnen, die gewünschten Inhalte zügig und treffsicher zu finden.

Ich wünsche Ihnen einen hohen Erkenntnisgewinn und Freude bei der Lektüre und vor allem viel Erfolg bei der Anwendung Ihres erworbenen Wissens im schulischen Alltag und in der Orientierung innerhalb unserer Gesellschaft.

Manfred Wissel

Wirtschaftsordnungen

1 Wirtschaften unter den Bedingungen von Knappheit

Es gibt Menschen, die wunschlos glücklich sind. Doch für die Mehrheit gilt, dass die Bedürfnisse die Menge der angebotenen Güter und Dienstleistungen weit übersteigen. In der Tendenz sind die Bedürfnisse unendlich. Das Gefühl von Knappheit ist ein Grundtatbestand menschlicher Existenz. Aufgabe der Wirtschaft ist es, die vorhandenen Ressourcen so zu verwenden, dass möglichst viele Bedürfnisse befriedigt werden. Die Wirtschaft soll das **Problem der Allokation der Ressourcen** lösen, sie also möglichst effizient verteilen.

Bedürfnisse sind subjektiv und nicht messbar. Sie entstehen aus der inneren Bedürfnisstruktur der Menschen, sind aber durch äußere Faktoren beeinflussbar, z. B. durch das Wertesystem einer Gesellschaft oder durch Werbung.

Der **Bedarf** leitet sich aus gesellschaftlichen Rahmenbedingungen ab und ist so eher objektivierbar. Man kann z. B. Prognosen erstellen, ob ein strenger Winter den Heizölbedarf erhöhen wird.

Nicht alle Bedürfnisse sind gleich wichtig. Der Psychologe Abraham Maslow hat fünf Ebenen unterschieden, die er zu einer Bedürfnispyramide in hierarchischer Reihenfolge geordnet hat. Diese fünf Stufen sind, geordnet nach ihrer Dringlichkeit:

Bedürfnispyramide

1.1 Produktionsfaktoren

Wirtschaften bedeutet, mit **knappen Gütern** umgehen zu müssen. Güter sind knapp, da nicht beliebig viele Produktionsfaktoren zu ihrer Herstellung zur Verfügung stehen.

Produktionsfaktoren sind **Arbeit, Kapital und Boden**. Technisches Wissen und Bildung, oft **Humankapital** genannt, werden manchmal als weiterer Produktionsfaktor bezeichnet. Gemeinhin wird jedoch Humankapital lediglich als ein Faktor angesehen, der auf die Produktivität der drei Produktionsfaktoren nachhaltigen Einfluss ausübt.

Wirtschaftlichen Entscheidungen können theoretisch zwei Prinzipien zugrunde liegen:

- das **Maximalprinzip:** Mit bestimmten Ressourcen sollen möglichst viele Bedürfnisse befriedigt werden;
- das **Minimalprinzip:** Möglichst wenige Ressourcen sollen zur Befriedigung eines Bedürfnisses verwendet werden.

1.2 Arbeitsteilung

Ein wesentlicher Grund für das enorme Wohlstandswachstum in den Industrieländern seit dem Beginn der industriellen Revolution liegt in der Arbeitsteilung, d. h. in der Zerlegung der Produktion in Teilverrichtungen. Sie findet statt als **innerbetriebliche und als zwischenbetriebliche Arbeitsteilung**. Ist die Produktion auf verschiedene Volkswirtschaften aufgeteilt, spricht man von **internationaler Arbeitsteilung**. Grundsätzlich liegen die Vorteile der Arbeitsteilung darin, dass die Produktion den Einsatz spezialisierter Maschinen ermöglicht und Arbeitskräfte besondere Fähigkeiten erwerben können. Von Nachteil kann aber sein, dass manche Tätigkeiten sehr monoton sind, die Beziehung zum Arbeitsprodukt verloren gehen kann und innerbetriebliche Hierarchien und Anreizsysteme erforderlich sind. Doch alles in allem überwiegen die Vorteile.

Mit der Arbeitsteilung geht das Problem jeder Volkswirtschaft einher, die **Pläne der Produzenten** aufeinander abzustimmen, denn Arbeitsleistungen erfolgen in der Regel nicht zur eigenen Bedarfsdeckung, sondern für den Bedarf anderer. Benötigt wird ein bestimmtes Steuerungs- und Sanktionssystem, welches das Koordinationsproblem löst.

1.3 Elemente der Wirtschaftsordnung

Jede **Wirtschaftsordnung** (der Begriff Wirtschaftssystem wird häufig synonym verwendet) muss folgende Fragen klären: Was soll wo, wie, wann, von wem, für wen und in welcher Menge produziert werden? Die Wirtschaftsordnung bedeutet den organisatorischen Aufbau und den funktionalen Ablauf einer Volkswirtschaft. Sie ist ein komplexes Gebilde aus rechtlichen Vorschriften, sittlichen Normen, Koordinationsmechanismen, Verhaltensweisen und Institutionen.

Zwei Aspekte sind dabei von besonderer Bedeutung: die **Koordination** und die **rechtliche Eigentumsordnung**.

Koordination

Die Koordination bezieht sich auf folgende Bereiche:

- **Marktabstimmung:** Angebot und Nachfrage von Gütern und Dienstleistungen müssen in Übereinstimmung gebracht werden.
- **Produktionsabstimmung:** Es muss entschieden werden, welche Güter in welcher Menge herzustellen sind.
- **Faktorabstimmung:** Da Produktionsfaktoren knapp sind, muss festgelegt werden, für welche Gütergruppen sie eingesetzt werden.
- **Einkommensabstimmung:** Es muss entschieden werden, wie das erstellte Sozialprodukt auf die Mitglieder der Volkswirtschaft zu verteilen ist.

Infolge der Koordination der genannten Punkte ergeben sich idealtypisch zwei Wirtschaftsordnungen:

- eine **zentrale Planung**, auch **Zentralverwaltungswirtschaft** oder **Planwirtschaft** genannt;
- eine **dezentrale Planung**, meist als **Marktwirtschaft** bezeichnet.

Eigentumsordnung

Die Eigentumsordnung legt in rechtlicher Form fest, wer über die Produktionsmittel, d. h. über das Kapital, verfügt. Liegt es im Wesentlichen in privater Hand, sprechen wir von einem **kapitalistischen oder marktwirtschaftlichen System**. Befinden sich die Produktionsmittel überwiegend in Gemeineigentum, handelt es sich um ein **sozialistisches Wirtschaftssystem**.

Die Eigentumsverfassung bleibt, wie die Erfahrung mit den zusammengebrochenen Volkswirtschaften der ehemals sozialistischen Länder gezeigt hat, nicht ohne Einfluss auf die Motivstruktur der Menschen und den Umgang mit dem eingesetzten Kapital (vgl. S. 154 f.).

1.4 Institutionen und Eigentumsordnung

Die Fähigkeiten von Gesellschaften zu Wachstum und Entwicklung hängen offensichtlich entscheidend von den **Eigentumsverhältnissen** und den **Institutionen** ab, die für ihre Garantie und ihre Durchsetzung zuständig sind. Menschen, die in Tauschbeziehungen (Transaktionen) eintreten, handeln unter Bedingungen der Unsicherheit. Sie streben nach stabilen Verhaltenserwartungen und nach berechenbaren Handlungsspielräumen. Um eine Transaktion mit einer gewissen Verlässlichkeit durchzuführen, benötigen die Wirtschaftssubjekte Informationen, Regelsysteme (z. B. Gesetze und Normen) sowie Sanktions- und Durchsetzungsmöglichkeiten (z. B. Gerichte). Der Begriff der Institution ist dabei differenziert zu betrachten. Institutionen können sein:

- Entscheidungssysteme (z. B. Märkte, Tarifordnung);
- Gesetze, Normen, Konventionen;
- Organisationen (z. B. Staat, Verbände, Familie).

Keine wirtschaftliche Aktion ist ohne Institutionen denkbar. Deren Nutzung ist nicht kostenlos. Es entstehen sog. **Transaktionskosten**. Wer ein Haus kauft, zahlt häufig Honorare an Makler, Bausachverständige und Notare. Im Gegenzug erhält er eine gewisse Sicherheit, die ihn vor großen Verlusten bewahrt. Somit senken Institutionen also letztlich die Transaktionskosten. Es ist aber auch möglich, dass Institutionen die Kosten erhöhen. Dies geschieht im Falle einer wuchernden staatlichen Bürokratie und Regelungswut. Die Transaktionskosten, also die Betriebskosten einer funktionierenden Volkswirtschaft, werden dann zum Hemmschuh ihrer weiteren Entwicklung.

Transaktionskosten können im Vorfeld einer Transaktion entstehen, beispielsweise im Zusammenhang mit der Suche nach möglichen Transaktionspartnern und den Vertragsverhandlungen. Aber auch nach Tätigung der Transaktion fallen Kosten an, beispielsweise in Form von Abwicklungskosten wie Transportkosten und Maklercourtagen.

Es ist schwierig, Transaktionskosten zu beziffern. Um einen Vergleichsmaßstab zu erhalten, haben Ökonomen Anfang der 90er-Jahre die Kosten gegenübergestellt, die in unterschiedlichen Ländern demjenigen entstanden, der ein Telefon anschließen ließ. In Malaysia waren es 130 US-Dollar, in Argentinien 6 000.

Versuche, die Veränderungen der Transaktionskosten zu messen, beruhen auf Schätzungen. Der amerikanische Ökonom Douglass North hat errechnet, dass der Transaktionssektor der US-amerikanischen Wirtschaft 1870 bei ca. 26 % gelegen hat und sich bis 1970 auf 54,7 % erhöht hat.

2 Wirtschaftliche Koordinierungssysteme

2.1 Freie Marktwirtschaft

Das System der freien Marktwirtschaft beruht auf der Vorstellung, dass die freien, individuellen und dezentralen Planungen und Entscheidungen aller Wirtschaftssubjekte zur bestmöglichen Verteilung aller Güter und Ressourcen einer Volkswirtschaft führen. Die Aufgabe des Staates besteht dabei im Wesentlichen darin, die Sicherheit des Eigentums zu garantieren.

Die geistigen Wurzeln dieses als **Wirtschaftsliberalismus** bezeichneten Denkens sind eng verbunden mit den Ideen der Aufklärung des 18. Jahrhunderts. Die Vorstellung, dass Menschen vernunftbegabt sind und ein natürliches Recht auf Freiheit haben, lässt sich ebenso für den politischen wie für den Wirtschaftsbürger reklamieren. Es schien nur konsequent, dass die freie, individuelle Entfaltung zu einem wirtschaftlichen Idealzustand führte, der das Merkantilsystem des Absolutismus mit seiner staatlichen Lenkung ablösen sollte. **Adam Smith** (1723–1790), der bedeutendste Vertreter des Wirtschaftsliberalismus, sah im Individuum den entscheidenden Träger wirtschaftlicher Tätigkeit, der aufgrund rationaler persönlicher Interessen handle und im Wettbewerb mit anderen unvermeidlich zum Wohl der Gesamtheit beitrage. Die Marktkräfte sorgten, wie von einer **„unsichtbaren Hand“** gelenkt, für die größtmögliche Verwirklichung des Gemeinwohls.

Was als Arbeitsteilung zwischen den Wirtschaftssubjekten einer Nationalökonomie sinnvoll erschien, war für **David Ricardo** (1772–1823) in der geistigen Nachfolge von Smith auch auf die Beziehungen zwischen verschiedenen Volkswirtschaften übertragbar. Mit der Theorie der **komparativen Kostenvorteile** formulierte er eines der wichtigsten Theoreme der Volkswirtschaftslehre. Es besagt, dass sich ein Land im Rahmen der internationalen Arbeitsteilung auf die Herstellung jener Güter konzentrieren soll, für die es im Vergleich mit anderen einen Kostenvorteil besitzt. Dies gilt auch für den Fall des Handels zwischen zwei Ländern, bei dem ein Land alles besser produzieren kann. Entscheidend ist, dass sie sich auf die Güter spezialisieren, die sie verhältnismäßig günstiger herstellen können.

Vom Zukunftsoptimismus der Aufklärung geprägt war die Vorstellung von **Jean-Baptiste Say** (1767–1832), jedes Angebot schaffe sich seine Nachfrage **(Saysches Theorem)**. Krisen hatten demnach ihre Ursache nicht im Wirtschaftssystem, sondern nur in Eingriffen, die von außen kamen. Der Staat sollte sich so weit wie möglich jeder wirtschaftlichen Aktivität enthalten.

Doch das Elend der Fabrikarbeiter infolge der industriellen Revolution, das Aufkommen der **sozialen Frage**, zeigte die Grenzen eines rein marktwirtschaftlichen Systems, während aus der Arbeiterbewegung heraus etwas polemisch der Vorwurf erhoben wurde, der **Nachtwächterstaat** des Manchesterliberalismus (Ferdinand Lassalle), also eines ungezähmten Kapitalismus, kümmere sich nur noch um innere und äußere Sicherheit und vernachlässige die soziale Lage der breiten Masse.

2.2 Zentralverwaltungswirtschaft

In der Zentralverwaltungswirtschaft befinden sich die Produktionsmittel in staatlicher Hand. Eine zentrale Planungsbehörde entscheidet darüber, was und wie viel produziert wird. Dieses ökonomische Konzept wird verständlich als Versuch, den sozialen Umwälzungen und Härten der frühkapitalistischen Entwicklung im 19. Jahrhundert ein Modell gegenüberzustellen, das allein die Vertretung der Interessen der Industriearbeiter garantiere.

Den **„wissenschaftlichen Sozialismus“**, später als **Marxismus** bezeichnet, präsentierten Karl Marx (1818–1883) und Friedrich Engels (1820–1895) als Lösung der sozialen Frage. Sie glaubten im Modell des **historischen Materialismus** die Entwicklungsgesetze der Geschichte erkannt zu haben, die mit Naturnotwendigkeit in der Überwindung der bürgerlichen Gesellschaft auf eine kommunistische Gesellschaft hinausliefen. Sie waren überzeugt, die Krisenhaftigkeit der frühkapitalistischen Ökonomie, die alsbald in den Zusammenbruch dieser Produktionsform führen müsse, mit der Vergesellschaftung allen Privateigentums überwinden zu können. Ihre Ideen wurden im 20. Jahrhundert realisiert im Modell der **Zentralverwaltungswirtschaften** der kommunistischen Regime, in denen die Lebenschancen von Millionen von Menschen zum historischen Experiment gemacht wurden. Die Gründer des „wissenschaftlichen Sozialismus“ befanden sich nicht, wie es ihrer Vorstellung entsprach, in der Phase des zusammenbrechenden Kapitalismus. Sie erlebten, wie der Philosoph Karl Popper zu Recht bemerkte, die Marktwirtschaft in ihren Anfängen.

Um eine Volkswirtschaft zentral zu steuern, soll aus marxistischer Sicht eine staatliche Bürokratie nach hierarchischem Prinzip den gesellschaftlichen Bedarf, Güter- und Rohstoffvorkommen und die Produktionskapazitäten ermitteln und daraus einen Gesamtplan entwickeln.

Die Verfügungsrechte über die sächlichen Produktionsmittel Boden und Kapital müssen dabei in staatlicher Hand liegen, die auch über die Verteilung und Verwendung des erstellten Sozialprodukts entscheidet.

Die Geschichte hat gezeigt, dass Zentralverwaltungswirtschaften im Systemwettbewerb mit Marktwirtschaften gescheitert sind. Die Fähigkeit einer Bürokratie zu Informationserwerb und -verarbeitung ist den Steuerungskapazitäten eines Marktes, auf dem die Preise Signale für alle Entscheidungen der Individuen sowie für die Verteilung knapper Ressourcen enthalten, grundsätzlich unterlegen. Das Verbot privater Verfügungsrechte über die Produktionsmittel und die strikte Einschränkung von Privateigentum, Ausdruck eines kollektivistischen Menschenbildes, hemmen die persönliche Motivation des Einzelnen und die Innovationsfähigkeit von Gesellschaften. Charakteristisch für staatlich gelenkte Planwirtschaften ist, was der Nationalökonom F. A. von Hayek ihren staatlichen Bürokratien vorwarf, nämlich die „Anmaßung von Wissen".

2.3 Die Soziale Marktwirtschaft

Das Konzept der Sozialen Marktwirtschaft

In einer Sozialen Marktwirtschaft fällt dem Staat die Rolle zu, auf sozialen Ausgleich hinzuwirken. Darüber hinaus hat er dafür Sorge zu tragen, dass keine Machtkonzentration entsteht, welche die Wirtschaftssubjekte in ihrem Handeln einschränken könnte. Die Vertreter der Sozialen Marktwirtschaft sind der Überzeugung, dass eine ihrer Eigendynamik überlassene, ungezähmte freie Marktwirtschaft am Ende zu gesellschaftlichem Chaos und zu ihrer Selbstzerstörung führen würde. Dem trägt der Art. 14 GG Rechnung, der neben der Garantie des Eigentums festlegt, dass **Eigentum verpflichtet**, sein Gebrauch also zugleich dem Wohl der Allgemeinheit dienen solle.

Die geistigen Wurzeln des Konzeptes reichen in die Zeit vor der Gründung der Bundesrepublik Deutschland zurück. In engem Kontakt zu Teilen der Widerstandsbewegung gegen das Dritte Reich stand der Nationalökonom **Walter Eucken**, der mit seinen Forschungen über die Voraussetzungen einer freiheitlichen Wirtschafts- und Sozialordnung die Basis für die Soziale Marktwirtschaft der Nachkriegszeit legte. Als Begründer der sog. **Freiburger Schule** prägte er den zentralen Begriff einer **Ordnungspolitik**, in der die Rechts-, Staats- und Gesellschaftsordnung untrennbar mit der Wirtschaftsordnung verbunden waren. Der Staat solle den Rahmen vorgeben, in dem eine menschenwürdige Ordnung möglich sei. Den konstituierenden Prinzipien wie Preissystem, offene Märkte und Schutz des Privateigentums stellte er regulierende Prinzipien wie Umverteilung und Monopolaufsicht zur Seite.

Eucken und sein Münsteraner Kollege **Alfred Müller-Armack**, von dem der Begriff **„Soziale Marktwirtschaft“** stammt, übten starken Einfluss auf den ersten Bundeswirtschaftsminister **Ludwig Erhard** aus.

Die rein liberale Marktwirtschaft sei, so Müller-Armack, ebenso innerlich verbraucht wie die Wirtschaftslenkung. Freiheit und soziale Gerechtigkeit müssten sich in einer Synthese vereinigen. Zwei Prinzipien wollte er miteinander verbinden: das **Wettbewerbs- und das Sozialprinzip**. Eine entscheidende Rolle spielte er bei der Konzeption des **„Gesetzes gegen Wettbewerbsbeschränkungen“** (1957), das dem Staat die Aufgabe zuwies, die Bildung von Kartellen und Monopolen zu verhindern. Wo der Wettbewerb als ordnungspolitische Idee zur Realität werde, erfülle er, so Müller-Armacks Überzeugung, eine soziale Funktion. Hinzukommen müsse aber eine Sozialpolitik, die in Form von Fürsorgeleistungen, Renten- und Lastenausgleichszahlungen, Wohnungsbauzuschüssen, Subventionen usw. die Einkommensverteilung korrigiere. Als gerechtfertigt sah er Eingriffe des Staates in das Wirtschaftsleben, wenn sie die Chancengleichheit herstellten, dem Missbrauch von Marktmacht vorbeugten und der Wahrung der Einheitlichkeit der Lebensverhältnisse in Deutschland dienten.

Soziale Marktwirtschaft

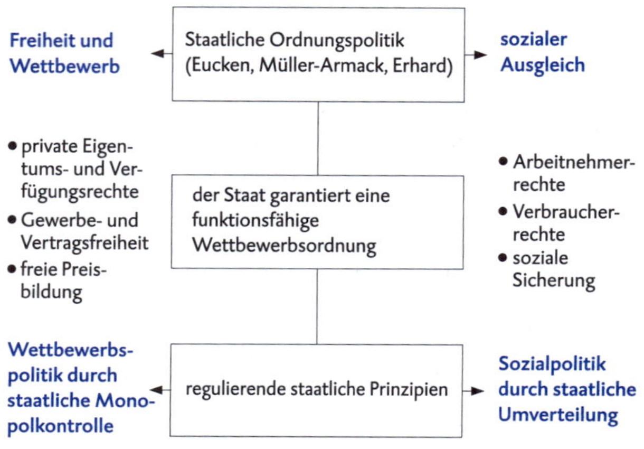

Die überforderte Soziale Marktwirtschaft

Was ist aus dem Konzept der Ordoliberalen aus der Anfangszeit der Bundesrepublik geworden? Kritisiert wird heute von vielen, dass nicht mehr das **Subsidiaritätsprinzip** gilt, wonach staatliche oder gesellschaftliche Organisationen erst dann tätig werden, wenn anderweitig, z. B. durch Selbsthilfe oder durch die Familie, keine Abhilfe geschaffen werden kann. Stattdessen hat sich ihrer Meinung nach ein **Wohlfahrtsstaat** entwickelt, der die private Initiative lähmt und häufig nicht den wirklich Bedürftigen dient, sondern denjenigen, die ihre Interessen gut zu organisieren verstehen. Soziale Gerechtigkeit werde auf Verteilungsgerechtigkeit reduziert. Im Sinne von Müller-Armack aber sei sie an erster Stelle das Ergebnis von Leistungsgerechtigkeit. Es sei immer mehr in Vergessenheit geraten, dass Marktwirtschaft und sozialer Ausgleich keine Gegensätze, sondern zwei Seiten einer Medaille seien.

Das soziale Netz – Sozialleistungen in Deutschland 2014
(Angaben in Mrd. Euro, Schätzung)

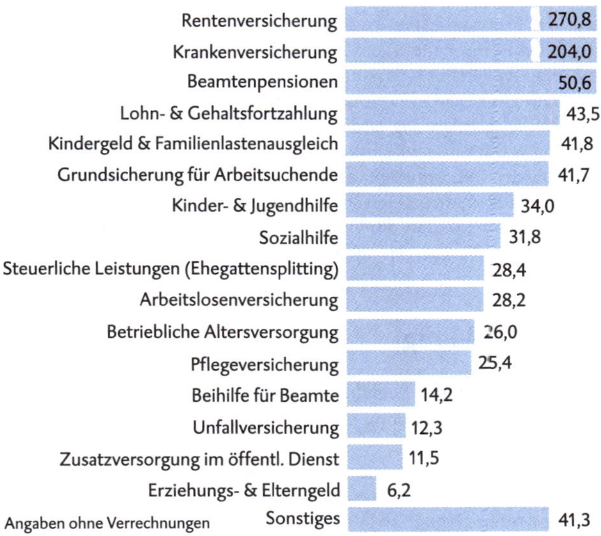

Angaben ohne Verrechnungen

3 Märkte und Preisbildung

3.1 Märkte

Spricht man von Märkten, könnte man an einen Ort denken, an dem sich zu bestimmten Tagen Käufer (Nachfrager) und Verkäufer (Anbieter) treffen, um Güter zu kaufen oder zu verkaufen. Auf Märkten im volkswirtschaftlichen Sinn kann vieles gehandelt werden, neben Gütern z. B. auch Wertpapiere, Geld, Immobilien, Kapital oder Arbeit. Märkte sind eine Institution, welche die für einen Tausch nötigen Informationen bereitstellt und Gelegenheit für Kontakte bietet. Dort treffen Angebot und Nachfrage nach Gütern oder Dienstleistungen aufeinander. Die Nachfrage nach einem Gut hängt von folgenden Faktoren ab:

- vom Preis des Gutes;
- vom Preis konkurrierender Güter;
- vom Einkommen der Nachfrager;
- von persönlichen Präferenzen und Nutzenerwägungen.

Steigt der Preis eines Gutes, sinkt in der Regel die **Nachfrage**. Haben sich aber im selben Zeitraum das Einkommen sowie die Präferenz für das Gut so weit erhöht, dass beide am Ende in ihrer Wirkung stärker als der Nachfrage senkende Impuls der Preiserhöhung sind, tritt per saldo eine Nachfragesteigerung ein. Möchte man also wissen, wie eine Preiserhöhung wirkt, muss ihr Einfluss von anderen Faktoren isoliert werden. Diese werden als konstant angenommen. Solche **Ceteris-paribus-Klauseln** (aus dem Lateinischen übersetzt heißt dies „andere Dinge gleich bleibend“) bilden die Wirklichkeit in ihrer Komplexität nicht ab. Aber sie helfen, Strukturen und Einflussgrößen im Modell zu verstehen.

3.2 Preisbildung

Grundannahmen der Preisbildung

Im Kontext der Preisbildung werden folgende Annahmen modellartig vorausgesetzt:

- Alle Individuen verhalten sich rational in dem Sinn, dass sie lediglich ihren persönlichen Nutzen suchen. Jeder Mensch agiert als **homo oeconomicus** (vgl. S. 151).
- Es herrscht **vollständige Konkurrenz**, wobei viele Anbieter und Nachfrager auf dem Markt aufeinandertreffen. Der Markt ist polypol.

- Alle Marktteilnehmer sind gleichermaßen über Qualität, Preis und Standort der Güter informiert. Es herrscht **Markttransparenz**.
- Die gehandelten Güter sind **homogen**, also gleichartig.
- Räumliche, persönliche und zeitliche **Präferenzen** der Marktteilnehmer spielen keine Rolle.

Modelle der Preisbildung

Preisveränderungen haben Auswirkungen auf die angebotene und nachgefragte Menge: Die **Nachfragekurve** in der folgenden Abbildung zeigt, wie viele Tafeln Schokolade die Menschen beim jeweiligen Preis kauften, wenn alle anderen Faktoren, die den Kauf beeinflussen könnten, vernachlässigt werden. Die Kurve hat eine negative Steigung, d. h., mit steigendem Preis sinkt die Nachfrage. Umgekehrt ist es mit dem **Angebot**. Sind hohe Preise zu erzielen, wird viel Schokolade angeboten. Die **Angebotskurve** hat eine positive Steigerung Der Schnittpunkt beider Kurven markiert den **Gleichgewichtspreis**, an dem die Menge, welche die Nachfrager kaufen wollen, ebenso groß ist wie die Menge, welche die Anbieter verkaufen wollen.

Angebots- und Nachfrageüberschuss

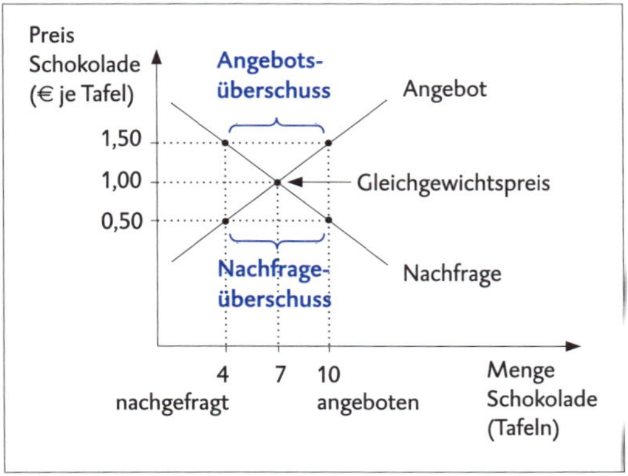

Zu diesem Preis, auch **Markträumungspreis** genannt, bleibt niemand auf seiner Ware sitzen und niemand geht leer aus. Dieser Punkt ist im Beispiel bei einem Preis von 1,00 € erreicht. Dass bei einem Preis von 0,50 € ein **Nachfrageüberschuss** herrscht, bei 1,50 € hingegen ein **Angebotsüberschuss**, wird durch das Schaubild erkennbar.

Der Gleichgewichtspreis kann sich ändern. Wenn die Medien berichten, dass wissenschaftliche Untersuchungen die gesundheitsfördernde

Wirkung von Schokolade bewiesen haben, verschiebt sich die Nachfragekurve nach rechts, da zu jedem Preis die Zahl der Nachfrager gestiegen ist. Haben aber Schädlinge einen großen Teil der Kakaoernte vernichtet, verschiebt sich die Angebotskurve nach links. Zu jedem Preis ist die Zahl der Anbieter gesunken. Beide Kurvenverschiebungen bewirken, dass sich jeweils ein neuer Gleichgewichtspreis einpendelt.

Preiselastizität

Preisveränderungen wirken sich aber, abhängig von der Art des Gutes, nicht immer gleich aus. Die Käufer von Heizöl können in der Regel nicht mit der gleichen Kaufzurückhaltung auf Preissteigerungen reagieren wie die Käufer von Schokolade. Hier bietet sich als Analysekategorie die **Preiselastizität** an, die misst, wie Nachfrage- und Angebotsmengen auf Preisveränderungen reagieren. Preiselastisch ist die Nachfrage, wenn Preisänderungen hohe Veränderungen der Nachfragemenge verursachen. So werden Verbraucher auf Preissteigerungen für das Luxusgut Schokolade mit mehr Kaufzurückhaltung reagieren als auf die Preiserhöhung für das Grundnahrungsmittel Brot. Die Preiselastizität für Heizöl ist recht gering, da es in Haushalten und der Industrie kurzfristig durch nichts ersetzt werden kann. Die Preiselastizität eines Gutes ist also umso höher,

- je leichter man auf ein anderes vergleichbares Gut ausweichen kann,
- je weniger ein Gut als lebensnotwendig angesehen wird oder der Befriedigung der Grundbedürfnisse dient,
- je länger der Zeithorizont ist. Langfristig können sich Verbraucher auch auf die Erhöhung des Heizölpreises mit der Umrüstung ihrer Heizungsanlage und mit der besseren Dämmung ihrer Häuser einstellen.

Die **Preiselastizität der Nachfrage** errechnet sich als die prozentuale Änderung der Nachfragemenge, dividiert durch die prozentuale Preisänderung. Ähnlich verhält es sich mit der **Preiselastizität des Angebots**. Sie ist elastisch, wenn Unternehmen auf Veränderungen des Preises mit großen Mengenänderungen reagieren können. Grundstücke in Keitum auf Sylt mit direktem Zugang zum Wattenmeer können nicht vermehrt angeboten werden, auch wenn sich der Preis in einem Jahr verdoppelt. Das Angebot ist vollkommen unelastisch. Die steigende Nachfrage nach Autos lässt sich leicht befriedigen, sofern die Unternehmen in ihrem Angebot flexibel durch Veränderungen der innerbetrieblichen Abläufe wie z. B. zusätzliche Schichten der Arbeitskräfte reagieren. Die Preiselastizität des Angebots errechnet sich als die prozentuale Änderung der Angebotsmenge, dividiert durch die prozentuale Preisänderung.

3.3 Anwendungsbeispiel: Der Markt als Informationssystem und die Signalwirkung der Preise

Seitdem die VR China im globalen Wettbewerb immer stärker auftritt, mit hohen BIP-Wachstumsraten Investoren aus vielen Ländern anzieht und den Weltmarkt mit zahlreichen Gütern überschwemmt, scheint ihr Energiehunger unersättlich zu sein. Sie tritt als starker Nachfrager auf den Ölmärkten der Welt auf, was zur **Kostenexplosion von Rohöl** und im Gefolge auch anderer Energieträger wie z. B. Gas geführt hat. Am 11. Juli 2008 erreichte ein Barrel Rohöl der Marke North Sea Brent den Allzeit-Höchststand von 147,40 US-$.

Im Fall einer solchen Kostenexplosion könnten die Verbraucher wie folgt reagieren:

- Sie schränken den Verbrauch ein, indem sie die Raumtemperatur reduzieren, die Wärmeisolierung verbessern und die Durchschnittsgeschwindigkeit beim Autofahren senken.
- Sie weichen auf Substitute aus, indem sie mit Kaminöfen zusätzlich heizen und auf öffentliche Verkehrsmittel umsteigen.
- Sie nutzen technische Entwicklungen, indem sie die Heizung durch ein Niedertemperatursystem ersetzen und ein Auto mit Hybrid- oder Erdgasantrieb anschaffen.

Aber auch die Anbieter werden langfristig auf die gestiegenen Preise reagieren:

- Das OPEC-Kartell wird die Erhöhung der Fördermenge zu verhindern suchen. Dennoch treten neue Anbieter auf den Markt, da hohe Preise aufwendigere Fördermethoden rentabel machen.
- Andere fossile Energieträger treten zunehmend in Konkurrenz auf. Selbst der Abbau von Kohle könnte wieder lohnenswert werden.
- Kernenergie erlebt weltweit eine Renaissance.
- Alternative Energien kommen näher an den sog. **Break-Even-Point** heran oder überschreiten ihn sogar. Dabei handelt es sich um jene Gewinnschwelle, von der ab die Nutzung dieser Energien auch ohne Subventionen sinnvoll ist.
- Es wird vermehrt in die Entwicklung neuer, energiesparender Technologien für private Haushalte und Unternehmen investiert.

Ein Markt kann so gut funktionieren, dass niemand Einbußen an Wohlbehagen und Mobilität erleiden muss, obwohl in großem Umfang neue Interessenten aus Asien das Preisgefüge verändert haben. Der Grund dafür ist, dass die Preise Knappheiten signalisiert haben, die auch von Personen erkannt wurden, die nichts über die Ursachen dafür wissen. Dem Bemühen der Nachfrager und Anbieter um eine optimale Ressourcenallokation, d. h. eine möglichst effiziente Verwendung von Konsum- und Produktionsgütern, entspringt ein Suchverhalten aller Beteiligten. Ihm liegt kein Plan eines Mitglieds zugrunde, das alles überblickt. Das Gewinnstreben der einen und das Ausweichverhalten der anderen führen zu neuen Gleichgewichtszuständen, für die der Preis nur das Symbol ist. An ihm aber orientieren sich alle. Es ist das wirtschaftlichste Verfahren, mit dem Menschen auf Veränderungen ihrer Lebensbedingungen reagieren können, das Fortschritt und Wachstum im neuzeitlichen Maßstab überhaupt erst möglich macht.

Durchschnittlicher Verbraucherpreis für leichtes Heizöl in Cent/Liter

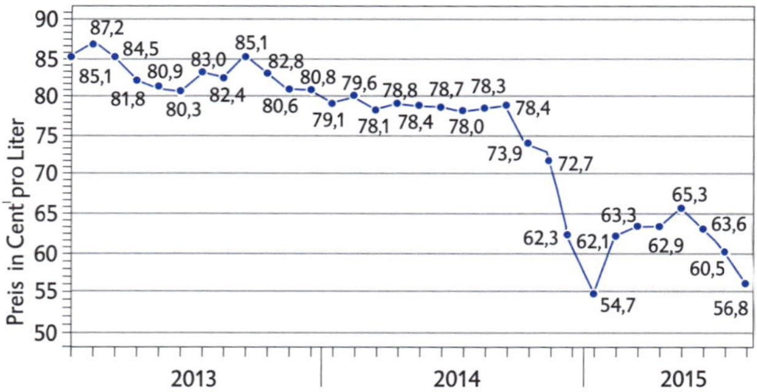

Wirtschaftskreisläufe

1 Volkswirtschaftlich denken

In modernen Gesellschaften stehen Menschen in wachsendem Maße vor der Frage, wie sie Orientierung finden können. Um sich im ökonomischen Wandel zurechtzufinden und richtige Berufs-, Spar- oder Konsumentscheidungen zu treffen, brauchen sie ökonomische Bildung. Sie müssen wissen, wie eine Volkswirtschaft funktioniert.

1.1 Grundgedanken des gesamtwirtschaftlichen Rechnungswesens

Am Wirtschaftsprozess einer modernen Volkswirtschaft sind eine Vielzahl von Personen und Institutionen beteiligt, deren Aktivitäten für den Einzelnen nur überschaubar sind, wenn es gelingt, sie in systematischer Form darzustellen. Eine Fülle von einzelwirtschaftlichen Größen muss zu gesamtwirtschaftlichen Größen zusammengefasst, d. h. **aggregiert** werden. Um das Bild übersichtlich zu gestalten, werden die zahlreichen Wirtschaftsakteure zu **Sektoren** und die wirtschaftlichen Vorgänge zu aussagefähigen **Kenngrößen** aggregiert. Das entstehende Ordnungsschema, die **Volkswirtschaftliche Gesamtrechnung (VGR)**, ist für die Analyse einer Volkswirtschaft von großer Bedeutung. Sie liefert Material für die Erfolgskontrolle der Wirtschaftspolitik und die empirische Grundlage für wirtschaftspolitische Entscheidungen.

Bei der Modellbildung gelten die folgenden methodischen Voraussetzungen und inhaltlichen Grundannahmen:

- Die Wirtschaftsakteure lassen sich als Sektoren (Pole) voneinander abgrenzen. Es gibt die **privaten Haushalte**, die auf den Gütermärkten als Nachfrager auftreten und Faktorleistungen (Arbeit, Kapital, Boden und Wissen) zur Verfügung stellen. Dazu zählen die **Unternehmen**, die Güter und Dienstleistungen produzieren. Zum Sektor **Staat** gehören in Deutschland Bund, Länder und Kommunen (Gebietskörperschaften) sowie die Sozialversicherungshaushalte (z. B. gesetzliche Krankenversicherung). Im Sektor **Ausland** werden alle Wirtschaftseinheiten mit Sitz im Ausland zusammengefasst, mit denen Inländer durch ökonomische Aktivitäten in Verbindung treten.

- Die ökonomischen Transaktionen zwischen den Sektoren beziehen sich auf einen bestimmten Zeitraum. Im Gegensatz zu **Bestandsgrößen** (z. B. Höhe des Kapitalstocks einer Volkswirtschaft zum Stichtag 31. 12. eines Jahres) handelt es sich um **Stromgrößen**, die sich z. B. auf ein Jahr, einen Monat oder ein Quartal beziehen können.
- In Geldwirtschaften entspricht den realen Strömen von Gütern und Faktorleistungen immer ein entgegengesetzter Geldstrom. Der Einfachheit halber werden in der VGR nur die monetären Ströme erfasst.
- Die VGR ist eine Einnahmen-Ausgaben-Rechnung. In der Regel handelt es sich um geschlossene Kreisläufe, da die Summe der in einen Pol fließenden Ströme gleich der Summe der abfließenden Ströme ist.
- Die Ermittlung der VGR erfolgt rückblickend für eine abgelaufene Zeitperiode. Sie stellt eine **Ex-Post-Analyse** dar und ist Voraussetzung dafür, dass in der Entwicklung einer Ursache-Wirkungs-Kette eine **Ex-Ante-Analyse** erstellt werden kann, d. h., Voraussagen für künftige Entwicklungen getroffen werden können.

1.2 Das Modell des Wirtschaftskreislaufs

Das Modell einer stationären Volkswirtschaft

Das einfachste Modell eines Wirtschaftskreislaufs besteht aus den beiden Polen Unternehmen und private Haushalte. Die privaten Haushalte stellen den Unternehmen Produktionsfaktoren (Arbeit, Boden, Kapital) zur Verfügung und erhalten dafür im Gegenzug Entgelte in Form von Löhnen, Gewinnen, Zinsen und Pachten.

Die Summe aller Entgelte stellt das **Volkseinkommen** dar (in den Modellen als **Y** bezeichnet; engl. yield = Ertrag). Die privaten Haushalte verwenden ihr gesamtes Einkommen für **Konsumausgaben (C)**, denen die Verkäufe von Sachgütern und Dienstleistungen von den Unternehmen an die Haushalte entsprechen. Da die monetären Ströme das Spiegelbild der Güterströme sind, werden bei den folgenden Modellen nur noch die Geldströme dargestellt.

Im vorliegenden Modell fließt das gesamte Einkommen in den Konsum. Somit kann keine Sachvermögensbildung betrieben werden. Wo der Kapitalstock nicht wächst und lediglich durch **Ersatzinvestitionen (I^e)** in Höhe der Abschreibungen, das heißt des Wertverlustes des eingesetzten Kapitals, auf seiner ursprünglichen Höhe gehalten wird, stagniert eine Wirtschaft. Das Modell ist das einer stationären Ökonomie. Die Ersatzinvestitionen werden mit der Abkürzung **D** (für engl. depreciation = Abschreibung) als In-Sich-Strom der Unternehmen dargestellt.

Der Kreislauf einer stationären Volkswirtschaft

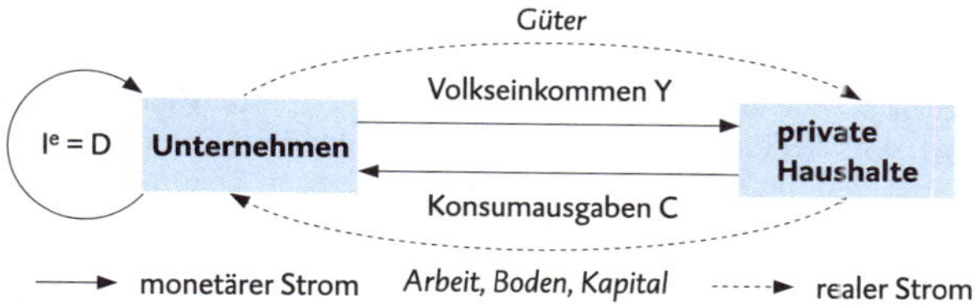

Das Modell einer evolutorischen Volkswirtschaft

Wird nicht das gesamte Volkseinkommen für den Konsum verwendet, sondern ein Teil davon gespart, muss man das Modell um einen dritten Pol erweitern, um den Sektor **Vermögensveränderungskonto (VV)**, zu dem die **Ersparnisse der Haushalte (S_H)** hinfließen. Hier stehen sie den Unternehmen für Investitionen zur Verfügung. Dabei sind es ausschließlich die **Nettoinvestitionen (I^n)**, die den Kapitalstock einer Volkswirtschaft vergrößern und in der Zukunft eine Erhöhung des Volkseinkommens ermöglichen. Die **Ersatzinvestitionen (I^e)**, mit denen sie zusammen die **Bruttoinvestitionen** bilden, sichern wie im ersten Modell lediglich den Sachvermögensbestand.

Der Kreislauf einer evolutorischen Volkswirtschaft mit Vermögensbildung

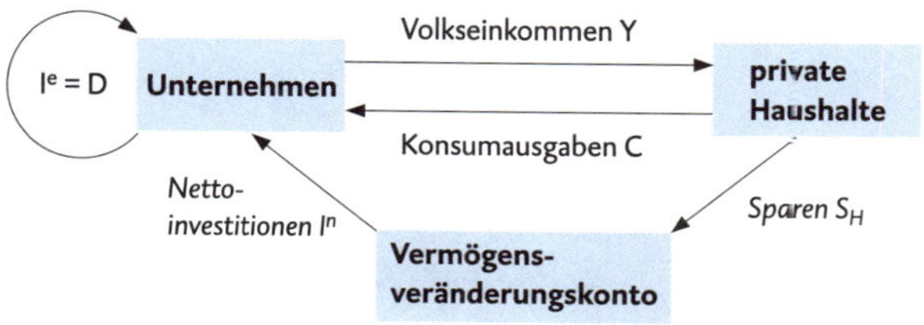

Das Modell einer evolutorischen Volkswirtschaft mit staatlicher Aktivität

Im nächsten Schritt wird das Modell um den vierten Sektor Staat erweitert. Die Einnahmen dieses Sektors bestehen im Modell nur aus Steuern. Die privaten Haushalte zahlen **direkte Steuern** auf Einkommen und Erträge sowie Sozialversicherungsbeiträge **(T_{dir})**. Die Steuern, die

Unternehmen entrichten (z. B. die Mehrwert- und die Energiesteuer), werden im Modell als Strom **indirekter Steuern (T_{ind})** hin zum Staat dargestellt. Sie werden von den Unternehmen zwar an den Staat abgeführt, jedoch über die Preise, soweit es möglich ist, an die Haushalte abgewälzt. Zu den Ausgaben des Staates zählt der **staatliche Konsum (C_{St})**, d. h. die Summe des Eigenverbrauchs der öffentlichen Haushalte, der bei den Unternehmen als Einkommensstrom ankommt. Zu den Ausgaben gehören außerdem **Transferzahlungen an die Haushalte (Z_H)**, welche diese ohne direkte Gegenleistung erhalten, z. B. Elterngeld und Kindergeld. Die dritte Gruppe der Ausgaben umfasst **Subventionen an Unternehmen (Z_U)**.

Bei einem ausgeglichenen Staatshaushalt hielten sich die Zu- und Abströme des Staates zum Sektor VV die Waage. Einer positiven Differenz läge ein **Sparen des Staates (S_{St})** zugrunde. Eine negative Differenz wird als **Kreditaufnahme des Staates (Kr_{St})** beim Sektor VV bilanziert.

Der Kreislauf einer evolutorischen Volkswirtschaft mit staatlicher Aktivität

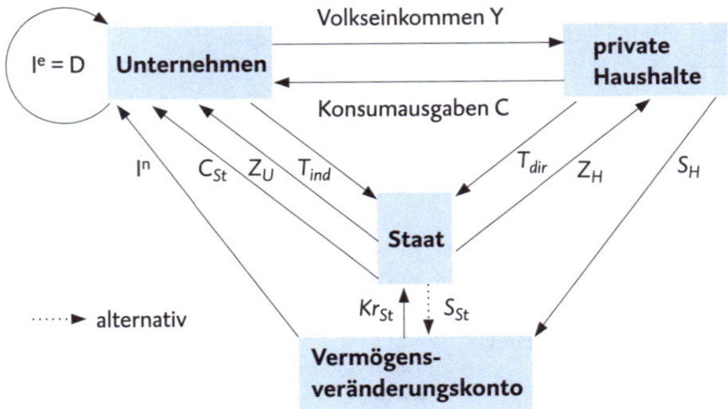

Das Modell einer offenen evolutorischen Volkswirtschaft mit staatlicher Aktivität

Da moderne Volkswirtschaften offen zum Ausland sind, werden im vierten Modell Im- und Exporte berücksichtigt. **Importe (M)** bewirken einen monetären Strom vom Inland zum Ausland, **Exporte (X)** einen Geldstrom vom Ausland zum Inland. Es wird angenommen, dass nur die

Unternehmen Transaktionen mit dem Ausland durchführen. Übertreffen die Exporte die Importe ($X > M$), entsteht ein positiver **Außenbeitrag**. Das Ausland muss beim Sektor Vermögensveränderungskonto des Inlands einen Kredit aufnehmen. In dieser Höhe entstehen **Forderungen** der inländischen Unternehmen an das Ausland. Sind hingegen die Importe größer als die Exporte ($X < M$), ist der Außenbeitrag negativ. Es entstehen **Verbindlichkeiten** der inländischen Unternehmen gegenüber dem Ausland.

Der Kreislauf einer offenen evolutorischen Volkswirtschaft mit staatlicher Aktivität

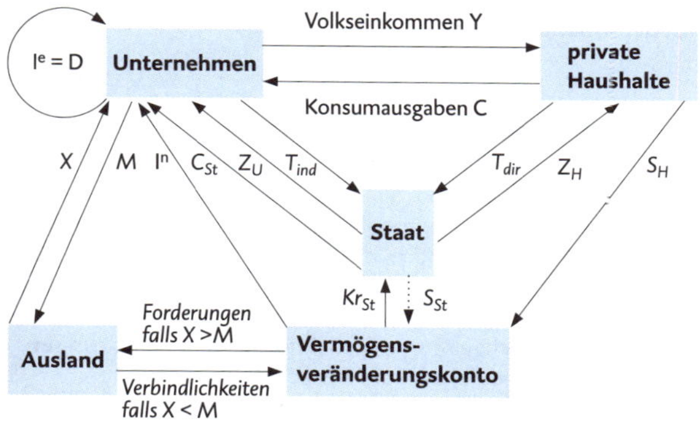

Darstellung in Kontenform

Sektoren	**Zuflüsse**	**Abflüsse**
private Haushalte	$Y + Z_H$	$C + T_{dir} + S_H$
Unternehmen	$C + C_{St} + Z_U + I^n + X$	$Y + T_{ind} + M$
Vermögensveränderungskonto	S_H	$I^n + Kr_{St} + (X - M)$
Staat	$T_{dir} + T_{ind} + Kr_{St}$	$C_{St} + Z_H + Z_U$
Ausland	$M + (X - M)$	X

2 Wichtige volkswirtschaftliche Größen – Volkswirtschaftliche Gesamtrechnung

Um gesellschaftliche Wertvorstellungen zu verwirklichen und gesamtwirtschaftliche Ziele wie zum Beispiel gerechte Einkommensverteilung oder Preisstabilität erreichen zu können, benötigt der Staat vielfältige Informationen über die Höhe der Produktion, die derzeitige Einkommens- und Vermögensverteilung und die Bedeutung der einzelnen Wirtschaftsbereiche. Die notwendigen Daten dafür liefert ihm das Statistische Bundesamt.

Die zentrale Größe der Volkswirtschaftlichen Gesamtrechnung ist das **Bruttoinlandsprodukt (BIP)**.

2.1 Das Bruttoinlandsprodukt

Die Entstehung des BIP

Ausgangspunkt bei der Herleitung des BIP ist der **Bruttoproduktionswert** einer Volkswirtschaft, d. h. die Summe aller Marktpreise einer in einer Periode erzeugten Güter und Dienstleistungen. In einer arbeitsteiligen Ökonomie erfolgt die Produktion in mehreren Produktionsstufen. Dabei nutzt eine nachgelagerte Produktionsstufe **Vorleistungen**, die eine vorgelagerte Produktionsstufe erbracht hat.

Da die einfache Addition aller Produktionswerte zu Doppel- oder Mehrfachzählungen führen würde, welche die tatsächliche Wertschöpfung in einer Volkswirtschaft verfälschten, zieht man vom Bruttoproduktionswert die Vorleistungen ab. Als Ergebnis erhält man als Nettoproduktionswert die **Bruttowertschöpfung**. Zählt man die Gütersteuern (wie Tabak-, Energie- oder Mehrwertsteuer) hinzu und zieht die Gütersubventionen ab, so ergibt sich das Bruttoinlandsprodukt als zentrale Größe der Volkswirtschaftlichen Gesamtrechnung.

Das Bruttoinlandsprodukt und die meisten seiner Komponenten lassen sich sowohl **nominal** (in jeweiligen Preisen) als auch **preisbereinigt** darstellen.

Die Preisbereinigung erfolgt dann auf der Grundlage einer jährlich wechselnden Preisbasis (Vorjahrespreisbasis).

Bruttowertschöpfung und Vorleistungen

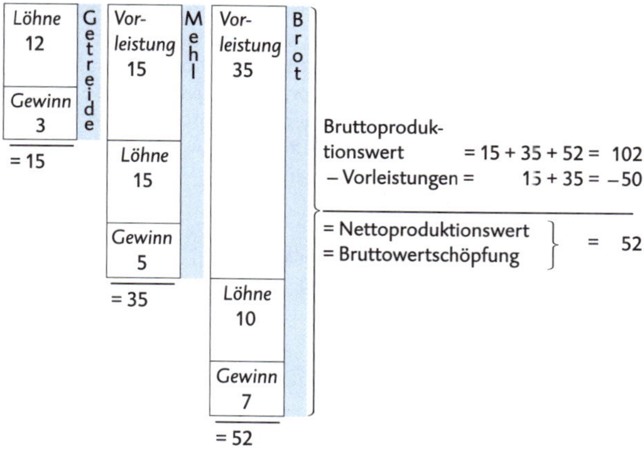

Folgende Übersicht zeigt die Errechnung des deutschen BIP für 2014. Die Werte sind in Mrd. Euro, in jeweiligen Preisen, angegeben:

Bruttoproduktionswert	5 307,7
– Vorleistungen	2 696,4
= Bruttowertschöpfung	2 611,3
+ Gütersteuern abzüglich -subventionen	292,5
= Bruttoinlandsprodukt	2 903,3

BIP und BNE – ein kleiner Unterschied

Vom BIP ist das **Bruttonationaleinkommen (BNE)**, früher **Bruttosozialprodukt (BSP)** genannt, zu unterscheiden. Letzteres geht vom **Inländerkonzept** aus, d. h., es misst die wirtschaftlichen Leistungen der Inländer im In- und Ausland, wobei Inländer ist, wer seinen ständigen Wohnsitz im Inland hat. Das BNE ist also ein **Einkommensindikator** in einem Wirtschaftsgebiet.

Das BIP hingegen basiert auf dem **Inlandskonzept**. Es misst das Produktionsergebnis aller im Inland eingesetzten Produktionsfaktoren, unabhängig vom ständigen Wohnsitz der Leistungserbringer. Das BIP ist also ein **Produktionsindikator** in einem Wirtschaftsgebiet.

Die Verwendung des BIP

Eine weitere Möglichkeit zur Errechnung des BIP setzt an der Nachfrageseite an. Im Rahmen der Verwendungsrechnung (Ausgabenansatz) werden die Ausgaben für die Endverwendung von Waren und Dienstleistungen ermittelt, d. h. private und staatliche Konsumausgaben, Investitionen sowie Außenbeitrag (= Exportüberschuss = Exporte minus Importe). Für Deutschland (2014) ergeben sich folgende Werte, angegeben in jeweiligen Preisen in Mrd. Euro:

	Private Konsumausgaben	1 604,3
+	Konsumausgaben des Staates	562,3
+	Bruttoinvestitionen (einschl. Vorratsänderung)	550,7
+	Außenbeitrag (Exporte – Importe)	186,5
=	Bruttoinlandsprodukt	2 903,8

Die Verteilung des BIP

Die Verteilungsrechnung zeigt die im Rahmen der Produktionstätigkeit entstandenen und geleisteten Einkommen: Arbeitnehmerentgelt der Inländer, früher als Bruttoeinkommen aus unselbstständiger Arbeit bezeichnet, Unternehmens- und Vermögenseinkommen, Produktions- und Importabgaben an den Staat, Subventionen des Staates, Abschreibungen, Primäreinkommen aus der bzw. an die übrige(n) Welt.

Für Deutschland (2014) ergeben sich folgende Werte, angegeben in jeweiligen Preisen in Mrd. Euro:

	Arbeitnehmerentgelt (Inländer)	1 482,0
+	Unternehmens- und Vermögenseinkommen	699,5
=	Volkseinkommen	2 181,5
+	Produktions- und Importabgaben abzüglich Subventionen	287,4
+	Abschreibungen	513,0
=	Bruttonationaleinkommen	2 981,9
–	Primäreinkommen aus der übrigen Welt (Saldo)	78,0
=	Bruttoinlandsprodukt	2 903,8

Das Arbeitnehmerentgelt als Anteil am Volkseinkommen ist die **Lohnquote**. Unternehmens- und Vermögenseinkommen als Anteil am Volkseinkommen ist die **Gewinnquote**.

Anteile am Bruttoinlandsprodukt 2014

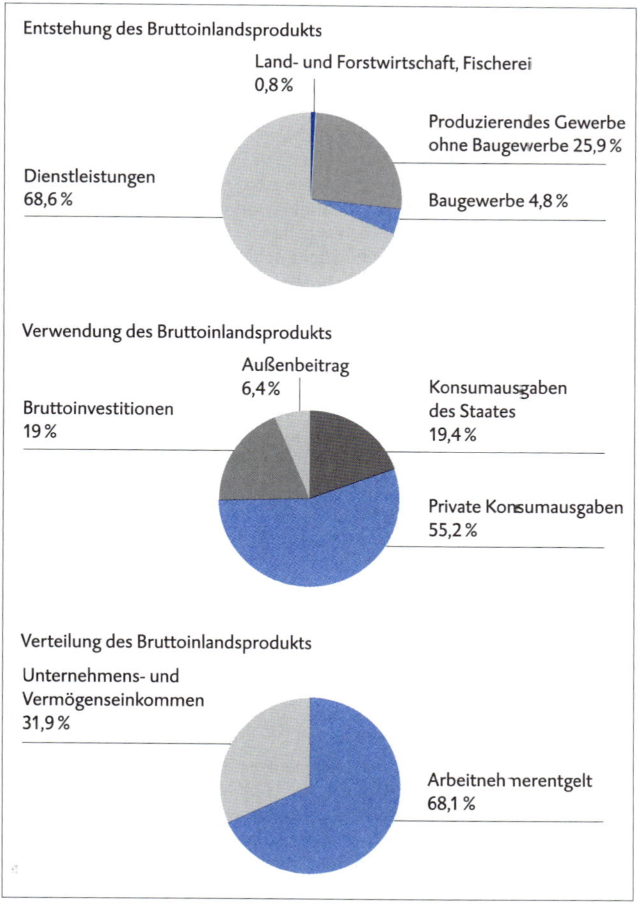

2.2 Probleme der Volkswirtschaftlichen Gesamtrechnung

In der Öffentlichkeit wird das BIP häufig als **Wohlstandsindikator** verwendet. Das gilt jedoch nur mit Vorbehalt.

- Viele wirtschaftliche Vorgänge laufen nur informell und statistisch nicht erfasst ab. Erziehung und Pflege in Haushalten sowie Heimwerkerarbeiten tauchen in der Regel nicht als Produktion von Gütern und Dienstleistungen auf. Menschen, die sich in der Nachbarschaftshilfe engagieren, in Vereinen, Wohltätigkeitsorganisationen und Kirchengemeinden, steigern das Wohlergehen der Gesellschaft, ohne dass diese Tätigkeiten statistisch zu Buche schlagen.
- **Schattenwirtschaftliche Aktivitäten** sind im Gegensatz zu regulären Wirtschaftstätigkeiten statistisch schwieriger zu erfassen. Das Statistische Bundesamt bedient sich verschiedener Annäherungsmethoden, die mit der Belastbarkeit amtlich erhobener Daten nicht vergleichbar sind. Modellberechnungen zur Folge wird der Anteil am BIP im Jahr 2015 auf 12,2 % geschätzt.
- Im Investitionsbereich wird zwischen Ersatz- und Erweiterungsinvestition unterschieden, jedoch nicht im Konsumgüterbereich. Die Reparatur eines Autos, die nur den alten Zustand wiederherstellt, führt zur Erhöhung des Sozialprodukts.
- Während auf der einen Seite unentgeltliche Leistungen nicht berücksichtigt werden, obgleich sie den Wohlstand mehren, werden auf der anderen Seite die Verminderungen von Umweltgütern als Folgen der Produktion, sogenannte **externe Kosten**, nicht als Abschreibung bilanziert.
- In modernen Wohlstandsgesellschaften wurde durch ein über viele Jahre ansteigendes BIP der Basiswert, von dem sich der weitere Zuwachs berechnet, immer höher. So wird es immer schwieriger, konstante Zuwachsraten zu erzielen.
- Der Begriff Wohlstand lässt sich sowohl quantitativ wie qualitativ bestimmen. Qualitative Aspekte wie subjektive Zufriedenheit lassen sich durch das BIP als materielle quantitative Größe nicht ausdrücken. Diskutiert wird der Vorschlag, die ökonomische Betrachtungsweise des BIP durch sogenannte **soziale Indikatoren** zu ergänzen, welche für die Lebensqualität entscheidend sind, z. B. Gesundheit, Ausbildung und Umwelt.

Obgleich ein großer Teil der im BIP enthaltenen Güter und Dienstleistungen zum Wohlstand beiträgt, sollte klar sein, dass es nicht als Wohlstandsindikator konzipiert worden ist, sondern als Maß für die Stromgrößen im Wirtschaftskreislauf.

2.3 Die Umweltökonomische Gesamtrechnung

Eine Volkswirtschaft setzt für ihre wirtschaftlichen Aktivitäten Produktion und Konsum nicht nur Kapital und Arbeit ein, sondern auch die Natur. Die Belastungen der Natur führten zu Überlegungen, eine zur Volkswirtschaftlichen Gesamtrechnung kompatible Umweltstatistik einzuführen. Den Ansätzen liegt das Prinzip der **Nachhaltigkeit** zugrunde, was bedeutet, dass spätere Generationen in ihren Lebenschancen nicht schlechter gestellt sein dürfen als die heute lebenden. Die natürlichen Ressourcen sollen nicht in ihrer Substanz angetastet werden. Lediglich ihre Erträge dürfen abgeschöpft werden.

In absehbarer Zeit werden wohl kaum Berechnungen eines Ökosozialprodukts vorliegen, die in aggregierter Form den Standards des BIP entsprechen. Doch Module einer UGR, die das Kontensystem der VGR um den Faktor Natur ergänzen, bestehen mittlerweile.

Module der deutschen Umweltökonomischen Gesamtrechnung

Belastung	Zustand	Maßnahmen
Material- und Energiefluss-rechnungen	**Umweltzustand**	**Umweltschutz-maßnahmen**
Physische Materialströme: • Gesamtwirtschaftliches Materialkonto • Energieflussrechnungen nach Branchen • Emissionsrechnungen nach Branchen • Wassergesamtrechnungen und Primärmaterial nach Branchen • Physische Input-Output-Tabellen	Quantitative und qualitative Bestandsveränderungen des Naturvermögens in physischen Einheiten: • Siedlungs- und Verkehrsfläche • Nutzungsintensität der Agrarökosysteme	Umweltbezogene monetäre Ströme und Bestände: • Umweltschutzausgaben • Umweltsteuern
Sektorales Berichtsmodul • Verkehr und Umwelt • Landwirtschaft und Umwelt		

Die **Umweltbelastungen** stellen Ströme dar, etwa die pro Jahr entnommenen Rohstoffe oder die pro Jahr emittierten Schadstoffe.

Beim **Umweltzustand** handelt es sich um die Beschreibung eines Bestandes. Im Unterschied zur VGR wird nicht ein produzierter Vermögensgegenstand, sondern ein nicht produzierter Bestandteil des Naturvermögens genutzt. Während bei der VGR die Ströme monetär erfasst werden, beschränkt sich das statistische Bundesamt bei den Modulen Umweltbelastung und -zustand auf physische Einheiten. Monetäre Berechnungen werden allenfalls von wissenschaftlichen Forschungsinstituten durchgeführt. Bei den **Umweltmaßnahmen** werden in der VGR enthaltene monetäre Angaben genutzt, um ihre umweltrelevanten Anteile darzustellen, z. B. die umweltbezogenen Steuern oder Investitionen, die dem Umweltschutz dienen. Bei diesem Modul lassen sich die Maßnahmen wie gewohnt als monetäre Stromkonten erfassen.

In der Realität stehen jedoch ein bestimmtes politisches Thema oder ein besonderer Sektor im Mittelpunkt des Interesses, z. B. der Umweltbezug des Verkehrs oder der Landwirtschaft. Um hier Aussagen zu treffen, werden in der UGR Berichtskonten erstellt, die für den entsprechenden Sektor die möglichst vollständige Bandbreite der UGR- sowie VGR-Konten abbilden.

Einsatz von Umweltfaktoren für wirtschaftliche Zwecke

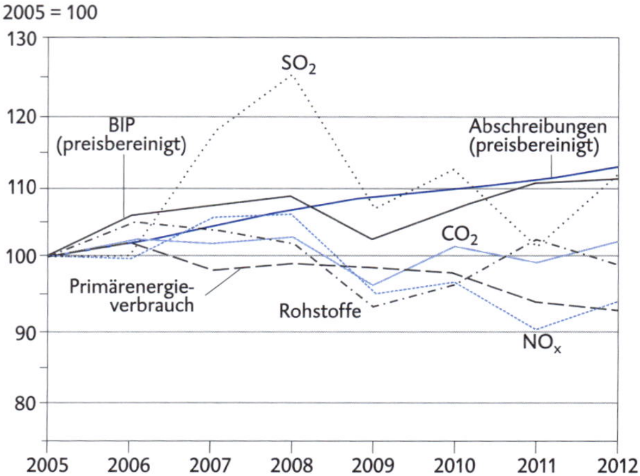

Konjunktur und wirtschaftspolitische Zielsetzungen

1 Konjunkturelle Entwicklungen

Wirtschaftliche Entwicklungen verlaufen nicht linear. Besonders deutlich werden die Schwankungen anhand der BIP-Wachstumsrate, der Preisentwicklung und der Arbeitslosenquote. Dabei lässt sich für alle Marktwirtschaften eine langfristige Steigerung des gesamtwirtschaftlichen Produktionspotenzials und des **realen BIP** feststellen. Das reale BIP misst die Gesamtausgaben einer Volkswirtschaft für Waren und Dienstleistungen. Dabei werden Preisveränderungen gegenüber einem Basisjahr herausgerechnet, um den ausschließlich mengenmäßigen Zuwachs an Gütern und Dienstleistungen zu ermitteln.

Produktionspotenzial, Bruttoinlandsprodukt und Kapazitätsauslastung 1995 bis 2012

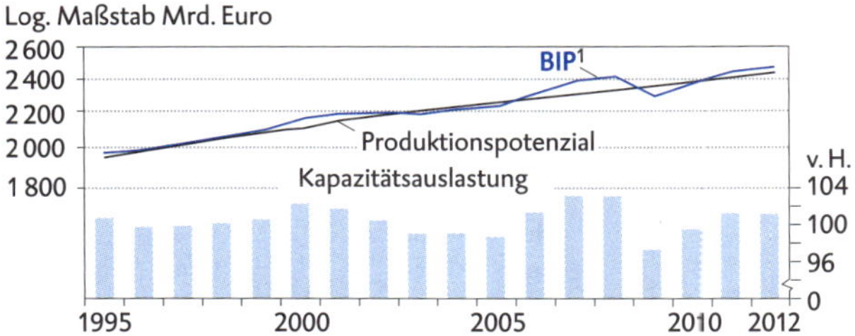

1 Preisbereinigt, verkettete Volumenangaben.

Spricht man von **Wirtschaftswachstum**, ist der Zuwachs des Produktionspotenzials, d. h. jenes realen BIP, gemeint, das mit dem vorhandenen Bestand an Sachkapital bei voller Auslastung der Produktionskapazitäten zustande kommen würde. Es ist nicht exakt bezifferbar. Möchte man den Konjunkturverlauf in einer Volkswirtschaft beschreiben, muss man Aussagen über die Höhe des Auslastungsgrads des Produktionspotenzials in einem bestimmten Zeitraum treffen. Dabei werden gewisse Regelmäßigkeiten sichtbar, die es sinnvoll machen, von **Konjunkturzyklen** zu sprechen.

1.1 Das Erscheinungsbild der Konjunktur

Idealtypisch kann man einen Konjunkturzyklus, der in der Regel nicht einzelne Branchen, sondern die Gesamtwirtschaft betrifft, in vier Phasen gliedern:

- Nach einer konjunkturellen Talsohle nimmt die Auslastungsquote des Produktionspotenzials wieder zu. In dieser **Aufschwung-** oder **Expansionsphase** steigen die Arbeitsproduktivität, die Gewinne der Unternehmen und die Löhne.
- In der Phase der **Hochkonjunktur** oder des **Booms** wird die Normalauslastung des Produktionspotenzials überschritten. Die Zuwachsraten der Produktion sinken wieder und die Gefahr von Preissteigerungen wächst.
- Dem oberen Wendepunkt folgt die Phase des **Abschwungs** oder der **Rezession**, in der die Gewinne der Unternehmen schrumpfen, die Löhne kaum noch steigen und die Preissteigerungsraten sich verlangsamen.
- Schließlich folgt das **Tief (Depression)**. Der Auslastungsgrad der Produktionsmöglichkeiten liegt wieder weit unten, die Arbeitslosenquote ist auf einem Höchststand, Betriebsschließungen sind nötig.

Konjunkturverlauf (kurze Wellen)

1.2 Konjunkturindikatoren

Die einzelnen Konjunkturphasen schlagen sich in Veränderungen zahlreicher ökonomischer Größen nieder, die messbar sind und in Grenzen auch Prognosen erlauben. **Konjunkturanalyse,** das heißt die Erklärung des Zusammenspiels jener Faktoren, die den jeweils aktuellen Zustand verursacht haben, ist unter anderem Sache der wirtschaftswissenschaftlichen Forschungsinstitute. Prinzipiell lassen sich dabei drei Indikatorengruppen unterscheiden:

- **Frühindikatoren:** Sie geben frühen Aufschluss über eine zu erwartende Konjunkturentwicklung. Dazu gehört beispielsweise der sogenannte Geschäftsklimaindex, in dem die Erwartungen der Unternehmen für die nächsten Monate zum Ausdruck kommen.
- **Präsensindikatoren:** Sie stehen in einem direkten zeitlichen Zusammenhang mit dem aktuellen Konjunkturverlauf. Beispiele sind Industrieproduktion oder Kapazitätsauslastung.
- **Spätindikatoren:** Sie reagieren erst mit einer zeitlichen Verzögerung auf den Konjunkturverlauf. Zu ihnen zählen Entwicklungen auf dem Arbeitsmarkt und Veränderungen des Preisindexes.

Die Aussagezuverlässigkeit der Frühindikatoren ist notgedrungen begrenzt. Ursache- und Wirkungszusammenhänge im Konjunkturgeschehen entsprechen nicht denen physikalischer Gesetze.

Angewandte Indikatoren

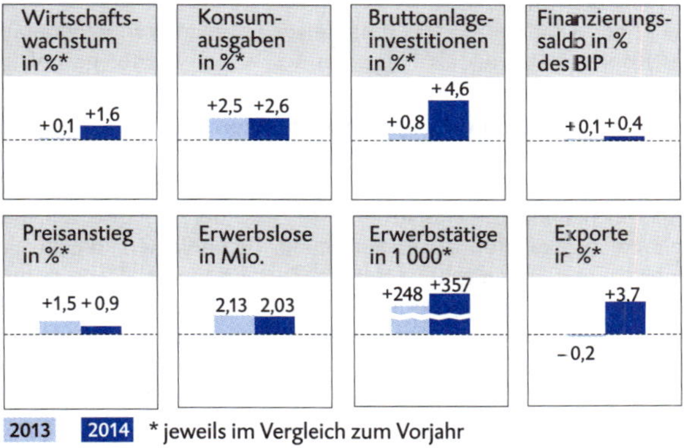

* jeweils im Vergleich zum Vorjahr

1.3 Konjunkturtheorien

Zahlreiche Erklärungen, warum Volkswirtschaften, statt störungsfrei zu verlaufen, zu einem Auf und Ab neigen, werden diskutiert. Dabei stehen sie selten im Gegensatz zueinander, sondern setzen die Schwerpunkte anders. Auf folgende Grundannahmen lassen sich die meisten Ansätze reduzieren:

- Die **Überproduktionstheorie:** Ursache eines Konjunkturabschwungs ist die ungleiche Einkommensverteilung. Die zunehmende Produktion, Folge wachsender Investitionen, kann von den Arbeitnehmern nicht vollständig aufgekauft werden, da deren Einkommen nicht parallel zu den wachsenden Produktionskapazitäten steigt. Es kommt zu einer Absatzkrise. Den unteren Wendepunkt des Konjunkturzyklus vermag die Theorie nicht zu erklären.
- Die **Untersparttheorie:** Im Aufschwung steigt der private Verbrauch so stark, dass die Ersparnisse nicht mehr genügen, die von den Unternehmen im Zukunftsoptimismus geplanten Investitionen zu finanzieren. Die Investitionstätigkeit kommt zum Erliegen. Auch diese Theorie kann den unteren Wendepunkt nicht plausibel machen.
- Die **monetären Konjunkturtheorien:** Der expansive Impuls im Aufschwung ist möglich, weil die Zinsen für Leihkapital niedriger sind als der natürliche Zins, das heißt die Ertragsrate der Investition. Investitionen sind also rentabel. Indem sich aber die Überschussreserven der Kreditinstitute verringern und die Kreditnachfrage steigt, erhöht sich das Zinsniveau und Investitionen werden unrentabel. Entlassungen sind die Folge einer einsetzenden Rezession.
  Die Theorie hat den Vorteil, dass sie auch den unteren Wendepunkt des Konjunkturzyklus als Folge des schließlich wieder gesunkenen Zinsniveaus erklären kann.
- Die **psychologischen Konjunkturtheorien:** Sie sehen die Gründe für das Auf und Ab der wirtschaftlichen Entwicklung im irrtümlichen Optimismus und Pessimismus der Wirtschaftssubjekte. Auf eine Phase leichtsinnigen Handelns in einer Phase der Euphorie, z. B. in der Zeit der Spekulationsblase der neuen Technologien, die in einer Ernüchterung enden muss, folgt ein Zustand innerer Depression, in dem die Möglichkeiten der Gegenwart weitgehend ungenutzt bleiben. Neben handfesten wirtschaftlichen Problemen liegt die Ursache des Abschwungs in einer sich selbst verstärkenden Stimmungslage. Der Konsum wird drastisch eingeschränkt. Die Sparrate steigt. Investitionen unterbleiben.

1.4 Wirtschaftliche Schwankungen im Zeithorizont

Je nach Dauer der wirtschaftlichen Schwankungen, die üblicherweise an Veränderungen des BIP festgemacht werden, unterscheidet man:

- **Saisonale Schwankungen:** Darin wirken sich z. B. Ferienzeiten (Tourismus), Festtage (Einzelhandel im Weihnachtsgeschäft) oder klimatische Veränderungen im Laufe der Jahreszeiten (Baugewerbe, Bekleidungsindustrie, Brennstoffhandel) aus.
- **Konjunkturelle Schwankungen:** In dieser Form verlaufen zyklisch wiederkehrende Aufschwung- und Abschwungphasen. Glättet man die Konjunkturzyklen für die Bundesrepublik Deutschland seit 1949, erhält man als Trend einen Wachstumspfad, der stark nach oben gerichtet ist. Die Wirtschaftsleistung hat sich in dieser Zeit mehr als verfünffacht.
- **Langfristige Schwankungen:** Seit Beginn der industriellen Entwicklung prägen technologische Innovationen die langfristige wirtschaftliche Entwicklung. Der russische Volkswirtschaftler Nikolai **Kondratieff** machte 1925 auf die später nach ihm benannten langen Wellen der Wirtschaftsentwicklung aufmerksam. Nach dieser Theorie entstehen neue Wachstumssektoren durch die Entdeckung bis dahin unbekannter Basistechnologien. Neue Sektoren ersetzen die alten, in denen das Wachstum immer weiter zurückgeht. Es kommt zu dem von dem österreichischen Nationalökonom Joseph Schumpeter so bezeichneten Prozess der „schöpferischen Zerstörung“.

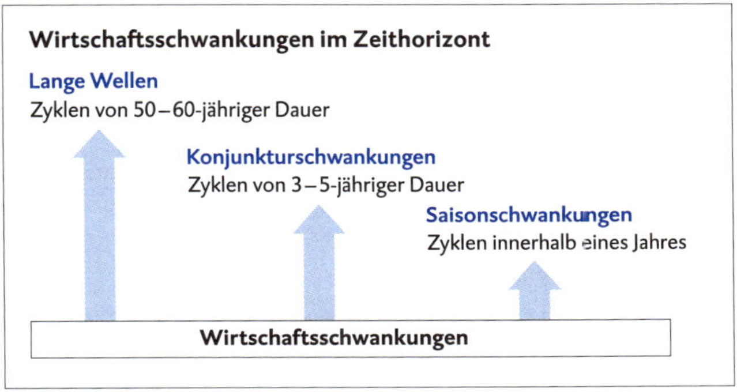

Die langen Wellen der Weltkonjunktur

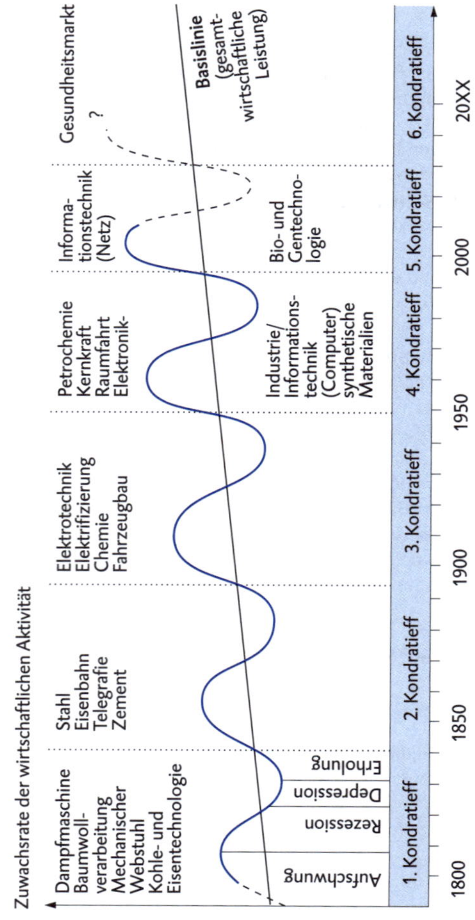

2 Wirtschaftspolitische Zielsetzungen

2.1 Das Stabilitätsproblem in Marktwirtschaften

Schwankungen in einer Volkswirtschaft bedeuten Unsicherheit für die Wirtschaftssubjekte, führen zu sozialen Ungleichgewichten und belasten das Vertrauen in den Staat sowie in die Wirtschafts- und Gesellschaftsordnung.

Das Stabilitäts- und Wachstumsgesetz

Als dem Nachkriegsaufschwung in der Bundesrepublik 1966/67 die erste Rezession folgte, in der das Wachstum an Dynamik verlor, die Stabilität des Geldwerts in Gefahr geriet und die Arbeitslosigkeit auf 2,1 % anstieg, stürzte die Regierung Ludwig Erhard. Das 1967 verabschiedete **„Gesetz zur Förderung der Stabilität und des Wachstums der Wirtschaft" (Stabilitätsgesetz)** trug weitgehend die Handschrift der in eine Koalition mit den Christdemokraten eingetretenen Sozialdemokraten, nach deren Vorstellung die Wirtschaftspolitik neue Instrumente für eine **antizyklische Konjunkturpolitik** benötigte. Restriktive Maßnahmen, mit denen der Staat dämpfend auf die laufende Konjunktur reagieren wollte, waren z. B.

- Anhebung der Einkommens- und Körperschaftssteuern um 10 % für höchstens ein Jahr,
- Aussetzung degressiver Abschreibungsmöglichkeiten,
- Anpassung der Steuervorauszahlungen nach oben,
- Senkung der Staatsausgaben, indem öffentliche Maßnahmen hinausgezögert werden,
- Bildung einer Konjunkturausgleichsrücklage.

Die meisten der als expansiv gedachten Mittel sollten als Instrumente mit umgekehrtem Vorzeichen in der Rezession funktionieren. Zudem sollte die Wirtschaftspolitik von Bund, Ländern und Gemeinden besser koordiniert werden.

Das magische Viereck

Im § 1 des Stabilitäts- und Wachstumsgesetzes heißt es: „Bund und Länder haben bei ihren wirtschafts- und finanzpolitischen Maßnahmen die Erfordernisse des gesamtwirtschaftlichen Gleichgewichts zu beachten. Die Maßnahmen sind so zu treffen, dass sie im Rahmen der marktwirtschaftlichen Ordnung gleichzeitig zur **Stabilität des Preisniveaus**, zu einem **hohen Beschäftigungsgrad** und **außenwirtschaftlichem**

Gleichgewicht bei **steigendem und angemessenem Wirtschaftswachstum** beitragen“. Da es nach Meinung vieler offensichtlich an Zauberei grenzt, alle vier Ziele gleichzeitig zu erreichen, hat sich hierfür der Begriff des **magischen Vierecks** eingebürgert.

Das magische Viereck

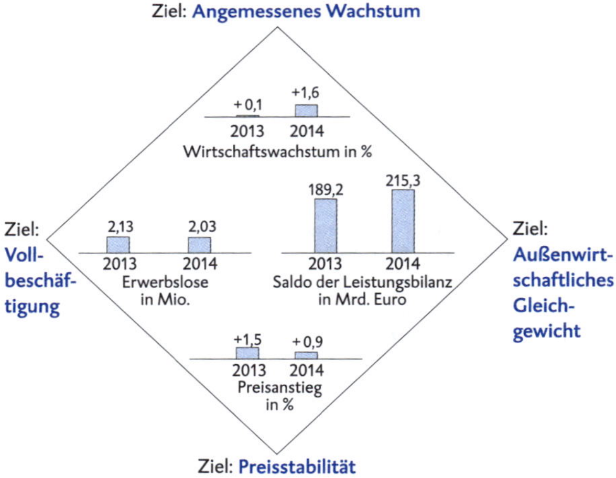

2.2 Das Wachstumsziel

Wachstum, Produktionspotenzial und BIP

Genau genommen bedeutet **Wachstum** die Zunahme des gesamtwirtschaftlichen Wachstumspotenzials, das durch die Produktionsfaktoren Arbeit, Kapital, technisches Wissen und Boden erfasst wird. Da die tatsächliche Produktion, von konjunkturellen Krisen abgesehen, diesem Potenzial entspricht, hat sich die Zunahme des realen BIP als Maßgröße durchgesetzt. Manchmal wird das reale Wirtschaftswachstum auch als **Wohlstandsindikator** bezeichnet, da es zur Erhöhung des wirtschaftlichen Wohlstands in Form von privatem und öffentlichem Konsum beiträgt. Darüber hinaus wird es als Voraussetzung für eine erleichterte Einkommensumverteilung angesehen, da mit steigendem Einkommen der Widerstand gegen Umverteilung sinkt und das Arbeitsplatzangebot gesichert oder gar gesteigert werden kann. Da Wirtschaftswachstum in der Regel mit der Erhöhung der Arbeitsproduktivität einhergeht, gilt das letzte Argument jedoch nur, wenn bei konstanter Arbeitszeit die Wachstumsrate des realen BIP über der der Arbeitsproduktivität liegt.

Kritik am Wachstumsbegriff

Vor dem Hintergrund eines bis dahin historisch beispiellosen Wachstums wurde in den 70er-Jahren die Kritik am Wachstumsbegriff laut. Im Kontext der Dauerkrise der letzten Jahre in Deutschland ist diese wieder etwas leiser geworden. Dabei muss man unterscheiden zwischen einer Kritik an der korrekten Messung des realen BIP und den Zweifeln daran, ob das BIP überhaupt den richtigen Wohlstandsindikator darstellt.

Die Kritik an der **Messmethode** hebt hervor, dass

- nur jene Produktion erfasst wird, die über den Markt verläuft, jedoch nicht, was von Menschen in Eigenarbeit für den persönlichen Verbrauch hergestellt wird,
- die Produktion von Gütern wie Arzneimitteln und Lärmschutzfenstern nicht beachtet, was zuvor an wohlfahrtsrelevanten Einbußen bei Gesundheit und Ruhe erlitten worden ist,
- im BIP nicht der Verbrauch an Umweltressourcen wie saubere Luft oder reines Wasser berücksichtigt wird, die Preise also nicht die Wahrheit sagen und von ihnen folglich falsche Signale ausgehen.

Die Kritik am BIP als **Wohlstandsindikator** hebt darauf ab, dass damit

- einem ausschließlich materiellen Weltbild Vorschub geleistet wird, das immaterielle Werte wie Liebe, Gesundheit und Bildung ignoriert,
- die wachsende Produktion bestimmter Güter wie Autos oder Flugzeuge dem eigentlichen Ziel, einer steigenden Mobilität, tendenziell zuwiderläuft, wenn die Menschen immer häufiger in Verkehrsstaus stecken bleiben.

Bei aller Kritik sollte nicht übersehen werden, dass sich die Mehrheit der Weltbevölkerung sicherlich wünscht, in einem Aufholprozess den Wachstumspfaden der Industrienationen folgen zu können, ehe sie sich schließlich selbst jene Wachstumskritiken leisten dürfte, die unter vornehmlich akademischen Bewohnern der westlichen Hemisphäre salonfähig geworden sind. Zudem beruht die Wachstumskritik auf der Vorstellung, dass Wachstum immer die Zunahme des Gleichen bedeutet. Ein qualitatives Wachstumsverständnis meint jedoch immer mehr die Zunahme von Neuem, wobei jene Regionen am besten abschneiden, die immaterielle Güter wie Software oder Ressourcen schonende Güter herstellen, in denen vor allem Humankapital zur Geltung kommt.

2.3 Das Ziel der Vollbeschäftigung

Die Arbeitslosigkeit gilt in der Bundesrepublik derzeit als die größte Herausforderung für Staat und Gesellschaft. Warum Vollbeschäftigung eines der vier Ziele des magischen Vierecks ist, wird deutlich, wenn man die Folgen der Arbeitslosigkeit bedenkt:

- materielle Verluste für die Betroffenen, psychische Probleme für ihr Selbstwertgefühl und Spannungen in ihren sozialen Kontakten,
- Brachliegen ihrer ökonomischen Ressourcen und Wohlstandsverluste in der Volkswirtschaft,
- finanzielle Belastungen für die Haushalte von Bund, Ländern und Kommunen in Form von Ausgaben (Arbeitslosengeld I und II) sowie Einnahmeausfällen (Einbußen an Steuern),
- Loyalitätsverluste des demokratischen Systems als Folge von Radikalisierung und innerer Emigration.

Wirtschaftsentwicklung 1970 bis 2010

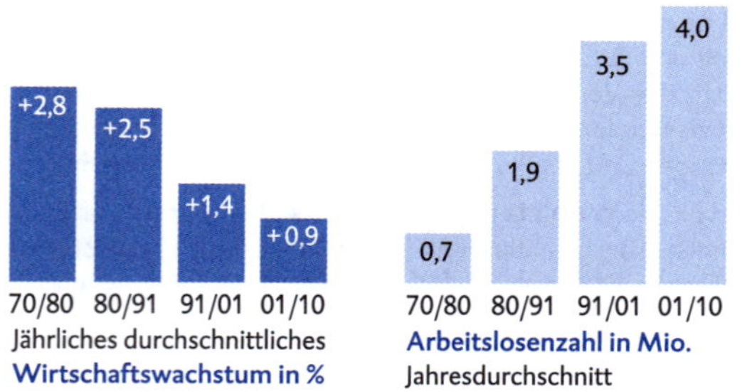

Definition der Arbeitslosenquote

Es gibt keine einheitliche Definition von Arbeitslosigkeit, ebenso wenig für die Bestimmung der **Arbeitslosenquote**. In jedem Fall wird ein Quotient gebildet aus der Zahl der bei den Arbeitsämtern registrierten Arbeitslosen im Zähler und einer sinnvollen Bezugsgröße, z. B. der Zahl aller zivilen Erwerbspersonen. Bis 2008 berücksichtigte die Bundesagentur für Arbeit im Nenner nur die Summe aus abhängigen zivilen Erwerbstätigen und registrierten Arbeitslosen, seit 2009 jedoch alle zivilen Erwerbstätigen, d. h. auch Selbstständige und mithelfende Familienangehörige. Diese Berechnung war im Ausland schon vorher gebräuchlicher gewesen. Ergänzend ermittelt die Bundesagentur eine sog. **Un-**

terbeschäftigungsquote. In der Unterbeschäftigung werden zusätzlich zu den registrierten Arbeitslosen auch die Personen erfasst, die nicht als arbeitslos im rechtlichen Sinne gelten, weil sie an einer Maßnahme der Arbeitsförderung teilnehmen oder in einem arbeitsmarktbedingten Sonderstatus sind, z. B. im Vorruhesand oder in Altersteilzeit. Auch Personen, die einen Existenzgründungszuschuss oder Überbrückungsgeld erhalten, werden mitgezählt. Die Unterbeschäftigungsquote berücksichtigt also auch jenen Personenkreis, der sich in unterschiedlicher Nähe zur gesetzlich definierten Arbeitslosigkeit befindet.

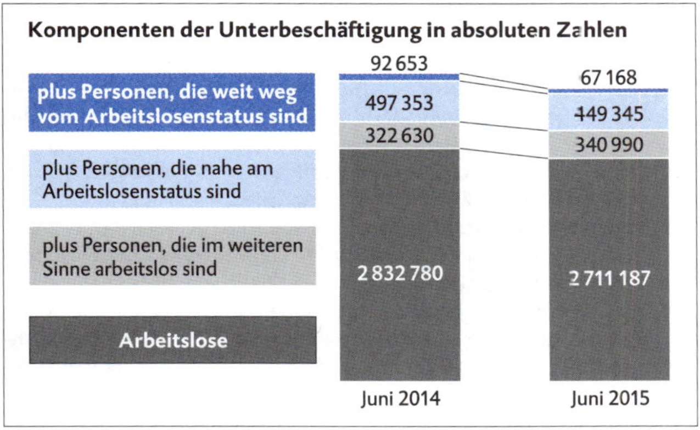

Formen der Arbeitslosigkeit

Die Bekämpfung der Arbeitslosigkeit setzt das Wissen um die Ursachen voraus. Hierbei hilft eine Klassifikation, die sich nach dem Risiko richtet, arbeitslos zu werden und es zu bleiben. Nach der Zeitdauer der Arbeitslosigkeit unterscheidet man:

- Kurzfristiger Verbleib:
  Friktionelle Arbeitslosigkeit entsteht bei ausreichendem Stellenangebot durch die notwendigen Such- und Orientierungsanstrengungen der Arbeitnehmer. Es ist ein Prozess, in dem die Arbeitskräfte die zu ihren Fähigkeiten und Neigungen passenden Arbeitsplätze finden. Nach der Definition der Bundesagentur für Arbeit gilt eine Nichtbeschäftigung unter drei Monaten als Sucharbeitslosigkeit. Jährlich werden ca. 6,5 Mio. Beschäftigungsverhältnisse begonnen bzw. beendet.
  Saisonale Arbeitslosigkeit tritt infolge jahreszeitlicher Schwankungen auf der Nachfrageseite (Tourismus, Weihnachtsgeschäft) und auf der Angebotsseite (Land- und Bauwirtschaft) auf.

- Mittelfristiger Verbleib:
  Konjunkturelle Arbeitslosigkeit ist gekennzeichnet durch einen Rückgang der gesamtwirtschaftlichen Nachfrage in fast allen Branchen und Regionen, was zunächst Kurzarbeit, dann Arbeitslosigkeit zur Folge hat, die im nächsten Boom wieder verschwindet.
  Strukturalisierte konjunkturelle Arbeitslosigkeit stellt sich lediglich in bestimmten Wirtschaftszweigen oder Regionen ein, z. B. im Zusammenhang mit einer „schlechten Baukonjunktur".
- Langfristiger Verbleib:
  Wachstumsdefizitäre Arbeitslosigkeit heißt, dass der Arbeitskräfte sparende technische Fortschritt zur Substitution des Faktors Arbeit durch Kapital führt, v. a. in Zeiten starker Lohnsteigerungen. Wachstumshemmende staatliche Rahmenbedingungen, z. B. sozialpolitische Regelungen, mindern die Wettbewerbsfähigkeit von Unternehmen. Der zur Verfügung stehende Kapitalstock ist zu gering (neue Bundesländer). Die demografische Veränderung, z. B. eine Nettozuwanderung, wirkt sich wachstumshemmend aus.
  Strukturelle Arbeitslosigkeit bedeutet, dass regionale oder branchenspezifische Verschiebungen der Arbeitsnachfrage zwischen Teilarbeitsmärkten zu einem Überhang des Arbeitsangebots in Teilen des Arbeitsmarktes führen und zu einem Überhang der Arbeitsnachfrage in anderen Teilen. Dies betrifft v. a. immobile und gering qualifizierte Arbeitskräfte. Die qualifikationsmäßige und regionale **Mismatch-Arbeitslosigkeit** tritt auf, da Arbeitslose und offene Stellen aufgrund der Merkmalsunterschiede nicht zueinanderpassen. Der Zusammenhang mit der konjunkturellen Arbeitslosigkeit ist offensichtlich: Die Arbeitslosigkeit steigt in der Rezession. Doch im Boom sinkt sie nicht mehr signifikant. Als langfristiger Trend setzen sich beschäftigungshemmende, strukturell wirkende Faktoren durch.

Die natürliche Arbeitslosigkeit

Ökonomen wie Milton Friedman denken, dass es für jedes Land eine charakteristische **natürliche Arbeitslosigkeit** gibt, um die herum die Arbeitslosenquote zyklisch schwankt. Der Begriff umfasst die strukturelle, friktionelle und saisonale Arbeitslosigkeit, worin sich langfristig wirkende Besonderheiten eines Landes und Unvollkommenheiten des Marktes manifestieren. Die Bezeichnung legt Assoziationen mit Naturgesetzen nahe. In der wissenschaftlichen Debatte hat sich daher der Begriff „Non-Accelerating Inflation-Rate of Unemployment" (NAIRU) eingebürgert. Gemeint ist eine bestimmte Konstellation, die sich im Zusammenhang von Arbeitslosigkeit und Inflation ergibt.

Entwicklung der Arbeitslosenzahlen

in 1 000 (Jahresdurchschnitte)

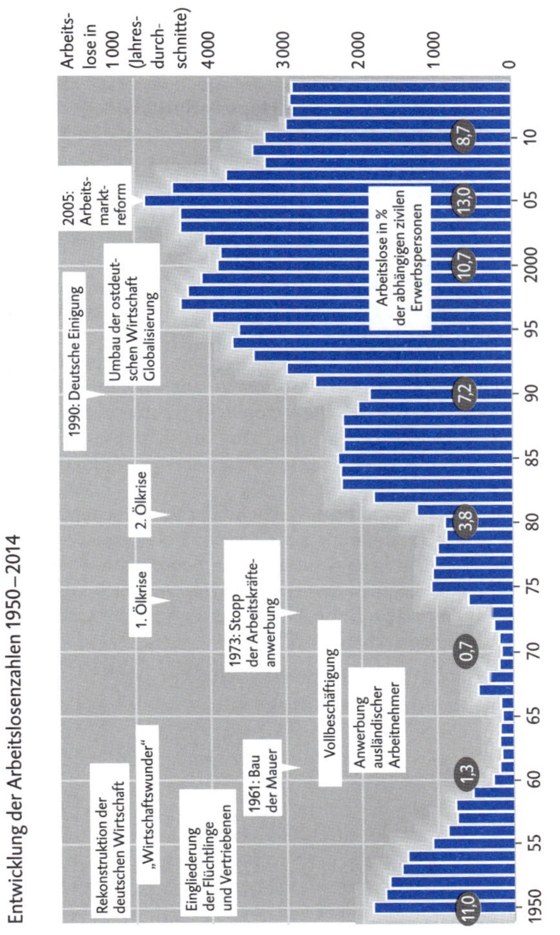

2.4 Das Ziel der Preisniveaustabilität

Das Messen von Inflation

Während heute bei Umfragen unter Bundesbürgern das Thema Arbeitslosigkeit an erster Stelle steht, rangierte dort in den 60er-Jahren die Angst vor Inflation. Aus gut nachvollziehbaren Gründen waren die Deutschen damals besonders inflationssensibel, denn sie hatten zwischen den beiden Weltkriegen eine **Hyperinflation** erlebt. **Inflation** ist eine über einen längeren Zeitraum zu beobachtende Zunahme des Preisniveaus. Stabilität des Preisniveaus bedeutet, dass der Durchschnitt aller Preise unverändert bleibt, sich also Preissteigerungen und -senkungen ausgleichen. Dass einzelne Preise sinken oder steigen, ist hingegen geradezu erwünscht, da von Preisen Knappheitssignale ausgehen, die den Allokationsmechanismus in Kraft setzen.

Gemessen wird die Inflation durch einen Preisindex für die Lebenshaltung aller privaten Haushalte, den sogenannten **Verbraucherpreisindex für Deutschland (VPI)**.

Der VPI ist ein Preisindex mit festem Basisjahr. Indizes beziehen sich immer auf eine Grundzahl. Ein bestimmtes Jahr wird mit 100 gleichgesetzt, derzeit das Jahr 2010: Die Verbrauchsstrukturen dieses Jahres werden konstant gesetzt bis zum nächsten Basisjahr. Die Angabe VPI insgesamt 107,0 im Oktober 2015 bedeutet, dass der Index seit 2010 um 7,0 % gestiegen ist.

In den laufenden Veröffentlichungen wird der Verbraucherpreisindex zum einen in seiner Veränderung zum Vormonat ausgewiesen. Aktuell gab es im Oktober 2015 keinen Anstieg zum September 2015. Gleichzeitig werden die Verbraucherpreise immer im Vergleich zum selben Monat im Vorjahr ermittelt. Diese Jahresteuerungsrate betrug im Oktober 2015 0,3 %. Die Formel für den VPI lautet:

$$\text{VPI} = \frac{\text{Preis des Warenkorbs im Berichtsjahr} \cdot 100}{\text{Preis des Warenkorbs im Basisjahr}}$$

Da nicht alle Preise aller Güter gemessen werden können, werden repräsentative Waren und Dienstleistungen (ca. 750) zu einem sog. **Warenkorb** zusammengestellt, der normalerweise alle fünf Jahre aktualisiert wird. Monatlich werden über 300 000 Einzelpreise ermittelt. Die Preisveränderungen werden gemäß der Verbrauchsbedeutung, die ihnen im Budget der Haushalte zukommt, im VPI berücksichtigt. Dieses sog. **Wägungsschema** ist nötig, da eine Erhöhung der Mieten um 10 % stärker ins Gewicht fällt als der Preisanstieg einer Fotoausrüstung um diesen Prozentsatz. Im Laufe der Jahre verändert sich die Zusammensetzung des Warenkorbs. Doch wichtiger als die Auswahl einzelner Preisrepräsentanten ist die Ermittlung des Gewichts, mit dem diese in den Gesamtindex eingehen. So wurde 2003 der Ausgabenanteil für „Nahrungsmittel und alkoholfreie Getränke“ von 13,1 % auf nur noch 10,3 % gesenkt, eine für hoch entwickelte Gesellschaften typische Änderung.

Wägungsschema Deutschland (Angaben in Promille; 2010 = 100)

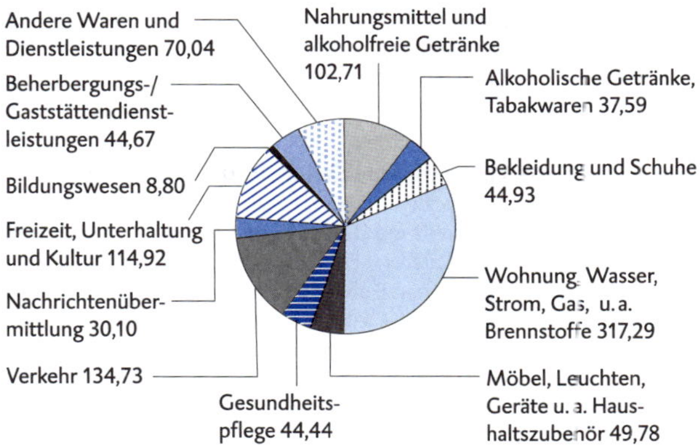

Probleme bei der Messung des Verbraucherpreisindex

Von Zeit zu Zeit muss die Güterauswahl für den Warenkorb daraufhin überprüft werden, ob sie den aktuellen Verbrauchsgewohnheiten entspricht, ob die Güter noch repräsentativ sind. So wurden 2003 im Zuge einer **Indexreform** Dienstleistungen wie Depotgebühren für Wertpapiere oder Essen auf Rädern neu aufgenommen. Einige Güter wurden im Jahr 2000 im Zuge der Indexrevision durch andere ersetzt, z. B. Disketten durch CD-Rohlinge oder PVC-Bodenbelag durch Laminat.

Mit folgenden grundsätzlichen Problemen sind die Statistiker bei der Bestimmung von Warenkorb und Wägungsschema konfrontiert:

- **die Unvermeidbarkeit von Ungenauigkeiten:** Grundsätzlich muss man eine geringe Ungenauigkeit in Kauf nehmen. So hatte eine Forschungsgruppe der Bundesbank 1998 ermittelt, dass der amtliche Anstieg der Verbraucherpreise die tatsächliche Inflationsrate um ca. 0,75 % übersteigen könnte. Dies schlägt derzeit umso mehr zu Buche, als die Teuerungsraten in den letzten Jahren sehr niedrig waren;

- **die Substitutionsverzerrung:** Sobald Konsumenten von relativ teuren auf relativ billige Güter ausweichen, überzeichnet der Index den Anstieg der Lebenshaltungskosten, da ihm die Vorstellung eines konstanten Warenkorbes zugrunde liegt;
- **die Reaktion auf neue Güter:** In einer globalisierten Welt mit einem schnellen technologischen Wandel, der auf der Angebotsseite in kurzen Zeitabständen neue Güter und Dienstleistungen auf den Markt bringt, läuft der VPI der Wirklichkeit immer mehr hinterher;
- **nicht erfasste Qualitätsänderungen:** Qualitative Verbesserungen von Gütern, z. B. die Einführung von ESP und Xenonlicht bei Autos, begründen durchaus eine Preissteigerung, die nicht als Inflation gemessen werden darf. Doch bis zur nächsten Warenkorbrevision bleiben solche Veränderungen unberücksichtigt;
- **keine Berücksichtigung spezieller Haushaltstypen:** Bis zum Basisjahr 2000 waren spezielle Verbraucherpreisindizes für bestimmte Haushaltstypen aufgestellt worden, z. B. der Index für einen Vier-Personen-Haushalt mit mittlerem Einkommen oder für einen Rentnerhaushalt. Auch für die neuen Bundesländer hatte ab 1995 ein eigener Preisindex gegolten. 2003 ist ein einheitliches Wägungsschema für ganz Deutschland eingeführt worden. Das Statistische Bundesamt begründete den Schritt damit, dass die Haushaltstypen die aktuellen Strukturen nicht mehr zutreffend abbildeten und sich die Ergebnisse im längerfristigen Vergleich kaum unterschieden.

Der harmonisierte Verbraucherpreisindex

Statistischer Nachholbedarf entstand durch das Maastricht-Kriterium der Preisniveaustabilität, wonach die Teuerungsrate eines Landes nur 1,5 % über dem Durchschnitt der drei preisstabilsten Länder der EU liegen darf. Damit mussten die nationalen VPI vergleichbar werden. Dies geschah mit dem erstmals 1997 veröffentlichten **„Harmonisierten Verbraucherpreis-Index“ (HVPI)**, wobei das Statistische Amt der EU, Eurostat, aus den einzelnen nationalen HVPI den **Euroland-Verbraucherpreisindex (EVPI)** berechnet. Besondere Probleme ergeben sich dadurch, dass in den EU-Ländern nicht alle Verbrauchskomponenten vergleichbar sind. So erfolgt in einigen Ländern die Finanzierung des Gesundheitswesens weitgehend über direkte Zahlungen der Haushalte, in anderen über Steuern und Beiträge, sodass die Ausgaben für den Gesundheitssektor weitgehend unberücksichtigt bleiben müssen.

Für das Euro-Währungsgebiet hat der EZB-Rat Preisniveaustabilität definiert als HVPI-Anstieg von knapp unter 2 % gegenüber dem Vorjahr.

Ursachen der Inflation

Man unterscheidet vor allem die folgenden beiden Ursachen:

- **Nachfrageinflation:** Während eines Booms, der i. d. R. einhergeht mit Vollbeschäftigung und einer optimistischen Sichtweise der Wirtschaftssubjekte, ist es denkbar, dass die Produktionskapazitäten kurzfristig ausgelastet sind und das BIP nicht erhöht werden kann, die Nachfrage aber das Vollbeschäftigungseinkommen übersteigt. Nach den Regeln der Preisbildung wird die Angebotslücke zu Preissteigerungen führen, wenn die Zentralbank gleichzeitig bereit ist, die Geldmenge zu erhöhen. Die inflationären Impulse können durch Konsumnachfrage der Haushalte, Investitionsgüternachfrage der Unternehmen, Staatsnachfrage (hausgemachte Nachfrageinflation) und Auslandsnachfrage (importierte Nachfrageinflation) ausgelöst werden.
  Die Theorie der Nachfrageinflation geht davon aus, dass Geldentwertung nur in konjunkturell guten Zeiten stattfindet. Doch die Erfahrung der 70er-Jahre hat gezeigt, dass sich Rezession und Inflation nicht ausschließen. Der Beschreibung dieses Phänomens dient der Begriff der **Stagflation** (Stagnation + Inflation). Die Ursache ist auf der Angebotsseite zu suchen. Zunehmende Verteilungskämpfe zwischen Unternehmern und Gewerkschaften, die in Lohnerhöhungen bis zu 20 % ihren Ausdruck fanden, schienen für Arbeiter relativ risikolos zu sein, da die Regierung den Eindruck vermittelte, einem möglichen Beschäftigungsrückgang durch ein Arsenal konjunkturpolitischer Instrumente vorbeugen zu können. Die Folge waren zunächst zunehmende Preissteigerungsraten und, als die gestiegenen Kosten nicht mehr auf die Preise überwälzbar waren, wachsende Arbeitslosigkeit.
- **Angebotsinflation:** Möchten sich Unternehmen nach einer Lohnerhöhung finanziell ebenso stellen wie zuvor, könnten sie versuchen, die sog. **Lohnstückkosten** zu senken. Dazu müssen sie aber die Arbeitsproduktivität, d. h. die Erzeugung von Gütern und Dienstleistungen je Arbeitsstunde, entsprechend erhöhen. Gelingt dies nicht, werden sie dazu neigen, die gestiegenen Löhne durch steigende Preise ihrer Produkte an die Verbraucher weiterzugeben. Damit wird eine **Lohn-Preis-Spirale** in Gang gesetzt, die zu einer **Kostendruckinflation** führt. Verfügen die Unternehmen über eine beträchtliche Marktmacht in einem oligopolistisch oder gar monopolistisch strukturierten Markt, könnte auch von ihnen die Initiative ausgehen, durch Preissteigerungen höhere Gewinne zu realisieren. In einer **Preis-Lohn-Spirale** würden die Unternehmen nun ihrerseits eine **Gewinndruckinflation** verursachen und die Reaktion der Arbeitnehmerorganisationen auslösen.

Die inflationsverursachenden Kräfte einer Angebotsinflation müssen nicht ausschließlich im Inland wirken. Möglich ist auch eine **importierte Kosteninflation**, wenn die Zunahme der Preise von importierten Gütern wie Rohöl ausgeht.

Inflation als monetäres Phänomen

Aus analytischen Gründen macht eine Unterscheidung in Nachfrage- und Angebotsinflation Sinn, wie auch zwischen Lohn-Preis- und Preis-Lohn-Spirale. In der Praxis sind die auslösenden Impulse der Inflation selten eindeutig voneinander zu trennen. Wichtig ist ein anderer, in der öffentlichen Debatte selten beachteter Aspekt: Hohe Inflationsraten gehen über einen längeren Zeitraum meist mit einer starken **Geldmengenvermehrung** durch die Zentralbank einher. Die oben genannten Ursachen wirken über einen kürzeren Zeitraum. Aber langfristig lassen sich ihre Wirkungen durch die Anpassung der Geldmenge ausgleichen. Das bedeutet also, dass Inflation letztlich abhängig ist von einer weit über der Wachstumsrate der realen Produktion liegenden Zuwachsrate des Geldangebots in einer Volkswirtschaft. Inflation ist dann die Differenz zwischen beiden Raten und letztlich ein monetäres Phänomen.

Folgen der Inflation

- Geld verliert zunehmend seine Wertaufbewahrungsfunktion. Die Wirtschaftssubjekte suchen ihr Heil in der überstürzten Flucht in Sachwerte, da Inflation wie eine Steuer auf Bargeldbestände wirkt. Es findet eine Umverteilung von Geldvermögensbesitzern zu Sachvermögensbesitzern statt.
- Inflation erhöht das Zahlungsrisiko im Geschäftsverkehr und das Bonitätsrisiko bei Krediten. Die Folge sind Verkürzungen von Zahlungszielen und Risikoaufschläge bei Krediten.
- Wenn die Einkommen der Inflation folgen, führt die Steuerprogression zu einer höheren Steuer- und Staatsquote.
- Schuldner profitieren, Gläubiger verlieren. Darunter leiden besonders die schwächsten sozialen Gruppen, die einen Inflationsausgleich durch einen höheren Zins nicht durchsetzen können. Da ältere, noch im Erwerbsleben stehende Personen eher Nettogläubiger, jüngere Menschen eher Nettoschuldner sind, erhöht Inflation die Umverteilung zwischen den Generationen.
- Die Signalwirkung der Preise funktioniert nicht mehr eindeutig, da unklar ist, ob Preisvariationen auf verändertes Nachfrage- oder Angebotsverhalten zurückzuführen sind oder durch Schwankungen im allgemeinen Preisniveau verursacht wurden.

2.5 Der Zusammenhang zwischen Inflation und Arbeitslosigkeit

Die Phillips-Kurve

Die Frage, ob ein Zusammenhang zwischen Inflation und Arbeitslosigkeit besteht, war in den Wirtschaftswissenschaften lange Zeit heftig umstritten. 1958 vertrat der Nationalökonom Alban W. Phillips, nachdem er einen Zeitraum von 100 Jahren in England untersucht hatte, die These, Jahre mit niedrigen Arbeitslosenquoten tendierten zu einer hohen Inflation und umgekehrt. Diesen Zusammenhang kann man dann als negative Korrelation zwischen Inflations- und Arbeitslosenrate abbilden. Einen höheren Beschäftigungsstand erreicht man folglich nur um den Preis einer höheren Geldentwertung.

Begründet wurde dies damit, dass niedrige Arbeitslosigkeit mit einer hohen Nachfrage einhergeht, wodurch eine Sogwirkung auf Löhne und Preise einsetzt. Für Wirtschaftspolitiker hätte dieser als **Phillips-Kurve** bezeichnete Zusammenhang bedeutet, dass sie entweder die Option Vollbeschäftigung oder Preisniveaustabilität hätten wählen können. In diese Richtung zielte der Ausspruch des ehemaligen Bundeskanzlers Helmut Schmidt, er wolle *„lieber fünf Prozent Inflation als fünf Prozent Arbeitslosigkeit"* akzeptieren.

Phillips-Kurve

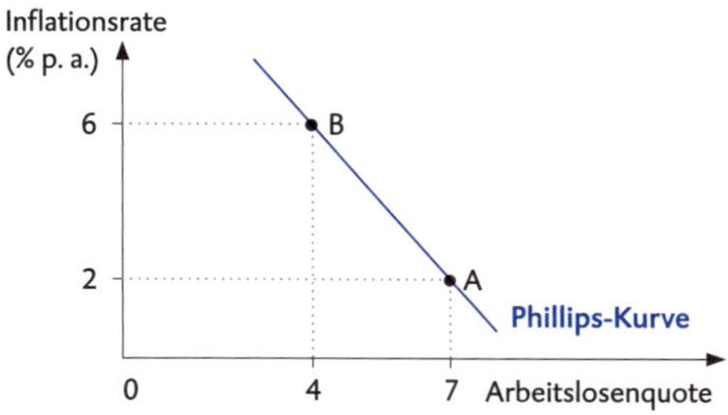

Kurzfristig mag sich der oben erwähnte Zusammenhang durchaus einstellen. Doch langfristig wirken, wie der Nationalökonom Milton Friedman nachwies, andere Mechanismen.

Die monetaristische Phillips-Kurve

Eine Regierung kann durch expansive Nachfragepolitik und Steigerung der Geldmenge die Arbeitslosenquote zunächst unter ihre natürliche Höhe drücken, muss aber gleichzeitig eine wachsende Inflationsrate in Kauf nehmen. Die Preissteigerungen werden in einer ersten Phase von den Arbeitnehmern nicht in Gänze wahrgenommen. Sie unterliegen einer sog. **Geldillusion**. Trotz gewisser Lohnsteigerungen, die sie mit wachsender Beschäftigung durchsetzen können, sinkt ihr Reallohn, da die Inflation weit vorausgeeilt ist.

Nur in dieser Phase wirkt der oben genannte Zusammenhang. Doch mit der Zeit korrigieren sie ihren Irrtum bezüglich Inflationsrate und Reallohnniveau und erreichen schließlich wieder ihr ehemaliges Reallohnniveau, nun aber bei einer höheren Inflationsrate.

Wollte die Regierung auf diesem Weg die Arbeitslosenquote wieder senken, würde sie am Ende nur auf einer noch höheren Preissteigerungsrate landen.

Langfristig betrachtet ist die Phillips-Kurve also eine Senkrechte, welche die Abszisse (x-Achse) an jenem Punkt schneidet, der die natürliche Arbeitslosenquote angibt. Diesen Punkt kann gute Wirtschaftspolitik sehr wohl verschieben, jedoch nicht mit den Mitteln der Geldexpansion.

Monetaristische Phillips-Kurve von Friedman

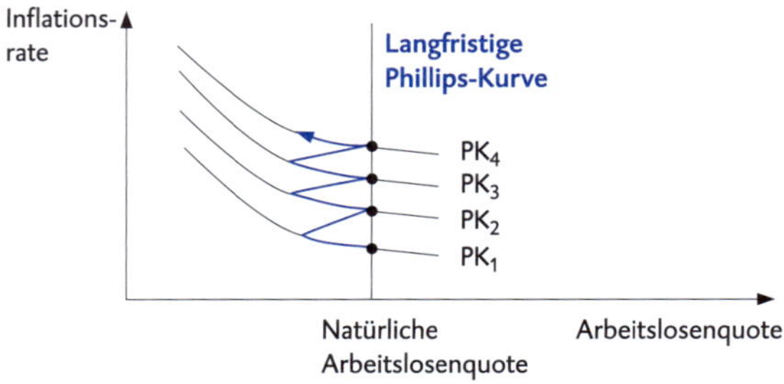

Wirtschaftsentwicklung in Deutschland[1]

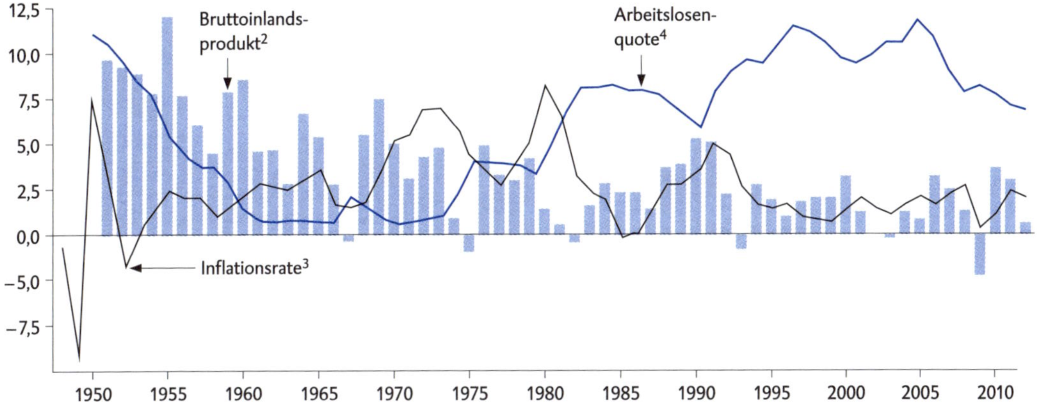

1) Bis 1991 Westdeutschland.
2) Ergebnisse von 1950 –1970 sind wegen konzeptioneller und definitorischer Unterschiede nicht voll mit den Werten ab 1971 vergleichbar. Ergebnisse 1950 –1970 in Preisen von 1991, spätere Ergebnisse in Preisen des jeweiligen Vorjahres als Kettenindex.
3) Veränderungen der Preise gegenüber dem Vorjahr, Preisindex für die Lebenshaltung (bis 1962 Vier-Personen Haushalte von Arbeitern und Angestellten mit mittlerem Einkommen; von 1963 an alle privaten Haushalte; Wert von 1949, Durchschnitt der Monate Juni bis Dezember).
4) Anteil der Arbeitslosen an den Erwerbspersonen (bis 1958 ohne Saarland, bis 1968 Anteil der Arbeitslosen an den abhängigen zivilen Erwerbspersonen).

2.6 Das Ziel außenwirtschaftliches Gleichgewicht

Die Offenheit der deutschen Volkswirtschaft

Für die gesamte Geschichte der Bundesrepublik Deutschland ist die Offenheit ihrer Volkswirtschaft ein wesentliches Merkmal. Sie wird erkennbar in der trendmäßigen Zunahme des Anteils von Güterexporten und -importen als prozentualer Anteil am Bruttonationaleinkommen. Steigende Im- und Exportquoten, heute definiert als Anteile von Im- und Export am BIP, sind ein Gradmesser der internationalen Verflechtung des Landes. Sie bedeuten Risiken und Chancen für Deutschland. Risiken liegen in der Abhängigkeit von ökonomischen, sozialen und politischen Veränderungen in den Handelsregionen, auf die nationale Politik nur wenig oder auch überhaupt keinen Einfluss hat.

Deutschlands wichtigste Handelspartner: Exporte 2014

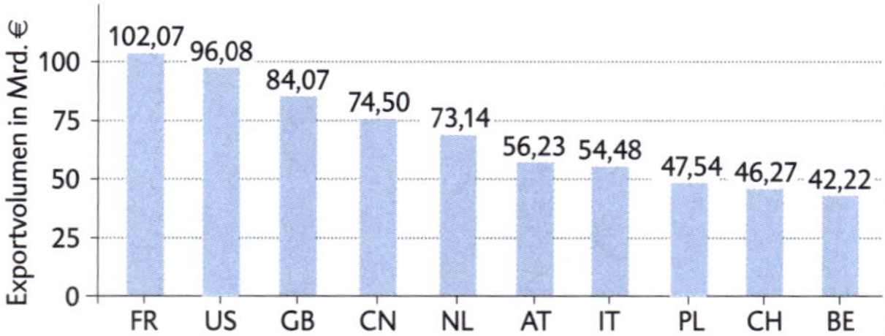

Deutschland war bereits lange die größte Handelsnation der Welt, häufig als „Exportweltmeister“ bezeichnet. 2010 hatte China diese Position übernommen, nicht nur als Folge der Weltrezession, sondern als eines Trends, der das Land nach der Überwindung der Mao-Ära und seiner wirtschaftlichen Öffnung zu einer der größten Wirtschaftsmächte werden lässt. Inzwischen konnte Deutschland sich den Titel zurückerobern und verzeichnete im Jahr 2014 Exporte im Wert von 1 133,5 Mrd. €. Der Wert der Importe belief sich im selben Zeitraum auf 916,6 Mrd. €. Weit über die Hälfte der Exporte (657 Mrd. €) gingen in EU-Länder, davon Waren für 414 Mrd. € in die Eurozone. Im Vergleich zu den vorausgegangenen Jahren hat der EU-Binnenmarkt nur wenig von seiner Bedeutung für die deutsche Wirtschaft verloren. Frankreich ist nach wie vor der wichtigste Handelspartner, die EU immer noch der bedeutendste Handelsplatz deutscher Exporte.

Die Struktur der deutschen Im- und Exporte

Betrachtet man die Zusammensetzung der deutschen Aus- und Einfuhren an Gütern näher, stellt man grundsätzlich fest: Die wichtigste Gütergruppe sind **Kraftwagen und Kraftwagenteile**. Diese waren 2014 mit 203,1 Mrd. € und einem Anteil von 17,9 % an den deutschen Gesamtexporten wie schon in den Vorjahren Deutschlands wichtigste Exportgüter. Auf Rang zwei folgten 2014 **Maschinen** mit einem Anteil von 14,7 % (166,1 Mrd. €) an den Gesamtexporten. **Chemische Erzeugnisse** lagen mit 9,5 % (107,2 Mrd. €) auf Rang drei.

Importseitig standen 2014 Datenverarbeitungsgeräte, elektrische und optische Erzeugnisse mit einem Anteil von 9,8 % (89,4 Mrd. €) an den Gesamteinfuhren auf Rang eins, gefolgt von Kraftfahrzeugen und Kraftfahrzeugteilen mit einem Anteil von 9,5 % (86,9 Mrd. €) und Erdöl und Erdgas mit einem Anteil von 9,0 % (82,6 Mrd. €).

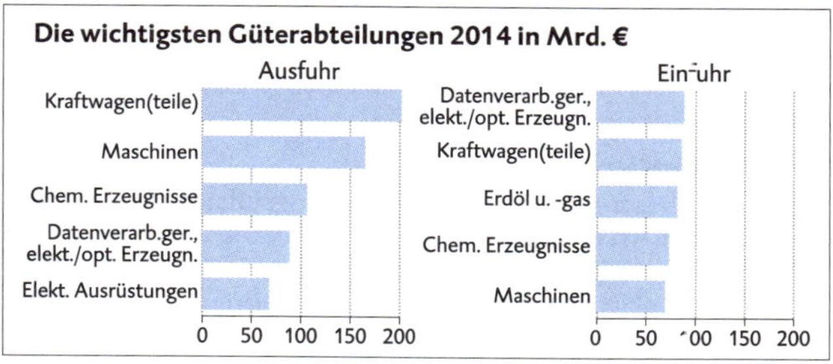

Das außenwirtschaftliche Gleichgewicht

In allgemeiner Form versteht man unter außenwirtschaftlichem Gleichgewicht, dass Wirtschaftsbeziehungen des Inlands zum Ausland keine negativen Auswirkungen auf die binnenwirtschaftliche Entwicklung haben, z. B. durch importierte Inflation, Arbeitslosigkeit oder Wachstumsschwäche. Es bedeutet aber auch umgekehrt, dass aus binnenwirtschaftlichen Problemen keine Belastungen für ausländische Wirtschaften entstehen dürfen. Das wäre dann der Fall, wenn Deutschland eine dauerhaft schleppende Binnennachfrage durch einen überaus positiven **Außenbeitrag** kompensierte. Dabei handelt es sich um die Differenz zwischen Export und Import von Waren und Dienstleistungen.

Konkret bedeutet außenwirtschaftliches Gleichgewicht die Systematisierung der außenwirtschaftlichen Transaktionen eines Landes in einer **Zahlungsbilanz**, in der sich Zahlungseingänge (Haben) und -ausgänge (Soll) ausgleichen. Sie erfasst keine Bestandsgrößen, sondern Stromgrößen. Um es an einem Beispiel zu verdeutlichen: Einkommen ist eine Stromgröße, da es sich auf einen Zeitraum bezieht, z. B. einen Monat. Vermögen ist eine Bestandsgröße, da es sich auf einen bestimmten Stichtag bezieht. Es ist zeitpunktbezogen.

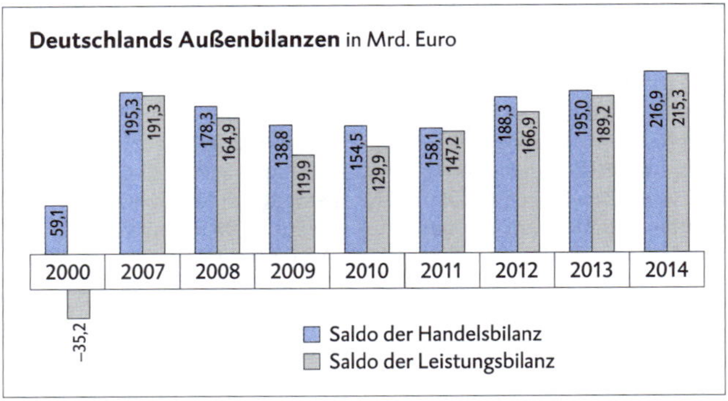

Die Zahlungsbilanz

Die Zahlungsbilanz setzt sich aus der **Leistungsbilanz** und der **Kapitalverkehrsbilanz im weiten Sinne** zusammen. Die Teilbilanzen haben im Normalfall unausgeglichene Salden. So mag die Dienstleistungsbilanz der Bundesrepublik negativ sein, ihre Handelsbilanz hingegen positiv. Wenn ein Land mehr Güter- und Dienstleistungen exportiert als es importiert, dann muss dieses Land einen Zuwachs an Forderungen gegenüber dem Ausland oder eine Verringerung seiner Verbindlichkeiten gegenüber dem Ausland erfahren haben. Da alle Transaktionen auf der Haben- und auf der Sollseite verbucht werden, ist die Zahlungsbilanz immer ausgeglichen.

Die Folgen von Ungleichgewichten im Außenhandel

Die **Vorteile eines Exportüberschusses** sind:

- Ausfuhren leisten einen positiven Beitrag zur Beschäftigungssituation.
- Die Mehrproduktion erhöht das BIP und lässt das Einkommen steigen.
- Durch den Exportüberschuss kommen mehr Devisen ins Land fließen als abfließen. Die Devisenreserven können im Ausland gewinnbringend angelegt werden.

Die **Nachteile eines Exportüberschusses** sind:

- Die Abhängigkeit der eigenen Volkswirtschaft von konjunkturellen Lagen im Ausland wächst.
- Der ins Ausland verkaufte Teil der Güter, der den Umfang der importierten Güter überschreitet, steht den Inländern nicht mehr zur Verfügung, wirkt wohlstandsmindernd. Wegen dieser Güterlücke lebt die Bevölkerung unter ihren Verhältnissen.
- Ein geringeres Güterangebot im Inland bei gleichzeitiger Einkommenserhöhung führt zur Inflation (importierte Inflation).
- Durch hohe Exportüberschüsse entstandene Devisenreserven unterliegen der Unwägbarkeit eines Wechselkursrisikos.
- Der Exportüberschuss wirkt im Ausland wachstumshemmend. Das Inland löst seine Probleme durch den Export von Arbeitslosigkeit.
- Zur Zahlung seiner Importe braucht das Ausland seine Devisenreserven auf und wird zum Schuldnerland.
- Das Ausland wird zu Abwehrmaßnahmen in Form von Protektionismus und Handelskriegen greifen. Der für alle geltende Vorteil der internationalen Arbeitsteilung, welche ein außenwirtschaftliches Gleichgewicht voraussetzt, geht verloren.

Zahlungsbilanz	
Leistungsbilanz (Bilanz der laufenden Transaktionen)	
Handelsbilanz	
Güterexporte	Güterimporte
Dienstleistungsbilanz	
Dienstleistungsexporte	Dienstleistungsimporte
Übertragungsbilanz	
unentgeltliche Importe von Gütern und Dienstleistungen sowie einseitige Zahlungen aus dem Ausland	unentgeltliche Exporte von Gütern und Dienstleistungen sowie einseitige Zahlungen an das Ausland
Kapitalverkehrsbilanz	
Kapitalverkehrsbilanz im engeren Sinn	
private Kapitalimporte (Zunahme von Auslandsverbindlichkeiten; Abnahme von Auslandsforderungen)	private Kapitalexporte (Zunahme von Auslandsforderungen; Abnahme von Auslandsverbindlichkeiten)
Devisenbilanz	
Abnahme von Währungsreserven	Zunahme von Währungsreserven

2.7 Vom Viereck zum Vieleck

In der Entstehungsphase des Stabilitätsgesetzes wurde darüber diskutiert, ob ein fünftes Ziel, die Bildung und Verteilung von Vermögen, aufgenommen werden sollte. Schließlich unterblieb es, da der Begriff **Verteilungsgerechtigkeit** nicht eindeutig definierbar und quantifizierbar ist, sondern im gesellschaftlichen Diskurs je nach Interesse und Menschenbild strittig bleibt. Die in den 70er-Jahren entstandene ökologische Bewegung, ausgelöst von den Diskussionen über die Grenzen des Wachstums, führte zu einem weiteren Ziel, dessen Aufnahme in den Katalog des magischen Vierecks von vielen vehement gefordert wurde. Als allgemeines Staatsziel ist der **Umweltschutz** 1994 im Grundgesetz verankert worden.

Das magische Vieleck

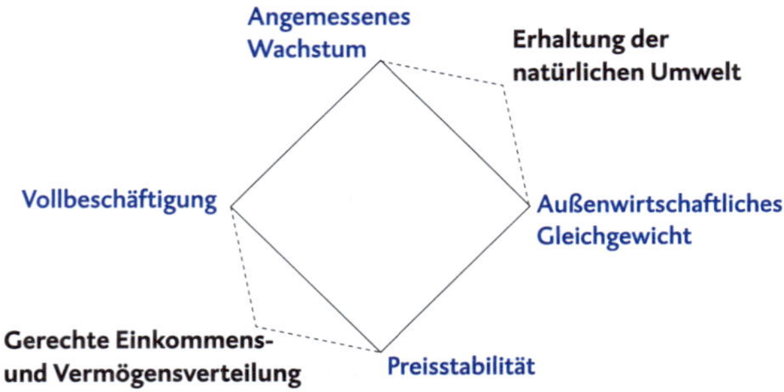

Der Maastrichter Vertrag hat im Art. 2 allgemeine Ziele der EU festgeschrieben, in denen sich die Veränderungen im öffentlichen Bewusstsein niedergeschlagen haben. Die Ziele lauten:

- harmonische und ausgewogene Entwicklung des Wirtschaftslebens innerhalb der Gemeinschaft,
- beständiges nichtinflationäres und umweltverträgliches Wachstum,
- hoher Grad an Konvergenz der Wirtschaftsleistungen,
- hohes Beschäftigungsniveau,
- hohes Maß an sozialem Schutz,
- Hebung des Lebensstandards und der Lebensqualität,
- wirtschaftlicher und sozialer Zusammenhalt und
- Solidarität zwischen den Mitgliedsstaaten.

Wirtschaftspolitische Konzeptionen

Meinungsunterschiede unter Ökonomen, so unvermeidlich sie sind, stellen Politiker vor die Frage, nach welchen wirtschaftspolitischen Grundkonzepten sie ihre eigene Politik ausrichten sollen. Die Differenzen in den jeweiligen Positionen ergeben sich, da Ökonomen oft von verschiedenen normativen Wertvorstellungen ausgehen.

1 Die Keynesianische Stabilisierungskonzeption

1.1 Keynes Schlussfolgerungen aus der Weltwirtschaftskrise

Die Weltwirtschaftskrise infolge des Crashs an der New Yorker Börse am 29.10.1929 dauerte bis weit in die 30er-Jahre. Nach Auffassung der Klassiker der Nationalökonomie hätte sie nur eine kurze Episode sein dürfen. Nach ihrer Meinung hätte es weder dauerhaft Unterbeschäftigung noch zuviel oder zuwenig Investitionen oder Konsum geben können. Die „unsichtbare Hand" des Marktes hätte alles regeln müssen.

Doch die destabilisierten Märkte waren offensichtlich nicht in der Lage, von allein wieder ins Gleichgewicht zu kommen. Für die Erklärung der ökonomischen Wirklichkeit waren die bisherigen Theorien nicht mehr ausreichend.

Eine „Revolution" in der Wirtschaftstheorie stellte das 1936 erschienene Werk des englischen Ökonomen John Maynard Keynes (1883–1946) dar, das den Titel *Allgemeine Theorie der Beschäftigung, des Zinses und des Geldes* trug.

Nach der klassischen Theorie hätte Arbeitslosigkeit zu einem Rückgang der Löhne bis zu jenem Punkt führen müssen, von dem an Unternehmen die Arbeitskräfte wieder eingestellt hätten. Keynes nahm Folgendes an: Die Tarifpolitik der Gewerkschaften hat die Löhne nach unten hin relativ starr gemacht. Die Senkung der Löhne kann aber keineswegs die Lösung sein. Betrachtet man ein einzelnes Unternehmen oder einen einzelnen Arbeiterhaushalt, ist die klassische Stabilitätshypothese zwar richtig. Senken aber im Krisenfall alle Unternehmen die Löhne, sinkt die gesamtwirtschaftliche Konsumnachfrage. Es entsteht eine **Nachfragelücke**. Es ist aber die Nachfrage, die das Angebot bestimmt. Aus diesem Dilemma führt die Erhöhung der Kaufkraft der Haushalte durch Lohnsteigerungen. Nach der sogenannten **Kaufkrafttheorie** hätten wachsende Konsumausgaben eine erhöhte Auslastung der Produktions- und Beschäftigungskapazitäten in der Konsumgüterindustrie und in einem zweiten Schritt auch aufgrund notwendiger Erweiterungsinvestitionen in der Investitionsgüterindustrie zur Folge.

1.2 Der nachfrageorientierte Ansatz

Keynes Wechsel der Sichtweise vom **mikro-ökonomischen** Ansatz der Klassik zur **makro-ökonomischen** Theorie gesamtwirtschaftlicher Größen bedeutete einen Paradigmenwandel in der Nationalökonomie und stellt den Beginn der modernen Volkswirtschaftslehre dar. Die zentrale Frage für ihn war, wie die gesamtwirtschaftliche Nachfrage wieder auf ein Niveau gehoben werden kann, das Vollbeschäftigung ermöglicht. Keynes' Theorie besagt Folgendes: Die geringe Konsumnachfrage hat ihre Ursache in der herrschenden Arbeitslosigkeit. Die geringe Investitionsnachfrage ist bedingt durch die Erwartung der Unternehmer, angesichts ungenügender Gesamtnachfrage lohnt sich die Investition nicht. Damit verbleiben lediglich noch Auslands- und Staatsnachfrage. Die Krisen sind konjunkturellen Ursprungs, daher ist auch das Ausland betroffen, Hilfe von dort ist nicht zu erwarten. Damit verbleibt lediglich der Staat, um die Nachfragelücke zu schließen, durch staatliche Investitionen oder auch durch Staatskonsum. Vorübergehend darf er Haushaltsdefizite in Kauf nehmen **(deficit spending)**, eine bis dahin in der Wirtschaftstheorie für unmöglich gehaltene Vorstellung. Kommt der Wirtschaftsprozess wieder in Schwung, erhöhen sich die Steuereinnahmen und der Staat ist in der Lage, seine Schulden zurückzuzahlen und darüber hinaus Haushaltsrücklagen zu bilden.

Wirtschaftskrisen waren für Keynes Konjunkturkrisen. Für das von ihm vorgeschlagene Verfahren, dass der Staat im Sinne einer **Globalsteuerung** der Konjunkturentwicklung entgegengerichtet wirken soll, hat sich der Begriff der **antizyklischen Finanzpolitik** eingebürgert. Seine Anhänger werden oft **Fiskalisten** oder **Keynesianer** genannt. Da das Konzept an der Gesamtnachfrage ansetzt, wird es als **nachfrageorientiert** bezeichnet.

In der Bundesrepublik Deutschland erhielt der keynesianische Ansatz seine historische Chance vor dem Hintergrund der schweren Rezession von 1965–1967. Das **Stabilitätsgesetz** von 1967, verabschiedet von der Großen Koalition mit Karl Schiller als Wirtschaftsminister, enthielt eine Reihe antizyklisch gemeinter Maßnahmen.
Für die Phase der **Hochkonjunktur** sah das Gesetz z. B. vor:

- die Schaffung einer Konjunkturausgleichsrücklage, die bei der Bundesbank stillzulegen ist,
- die zusätzliche Tilgung von Staatsschulden,
- die Erhöhung der Einkommens- und Körperschaftssteuer für maximal ein Jahr,
- die Beschränkung der Abschreibungsmöglichkeiten.

Für die Phase der **Konjunkturabschwächung** waren vorgesehen:

- die Entnahme von Mitteln aus der Konjunkturausgleichsrücklage,
- zusätzliche öffentliche Ausgaben, auch über Kredite finanziert,
- die Senkung der Einkommens- und Körperschaftssteuer für maximal ein Jahr,
- die Möglichkeit von Investitions- und Beschäftigungsprogrammen.

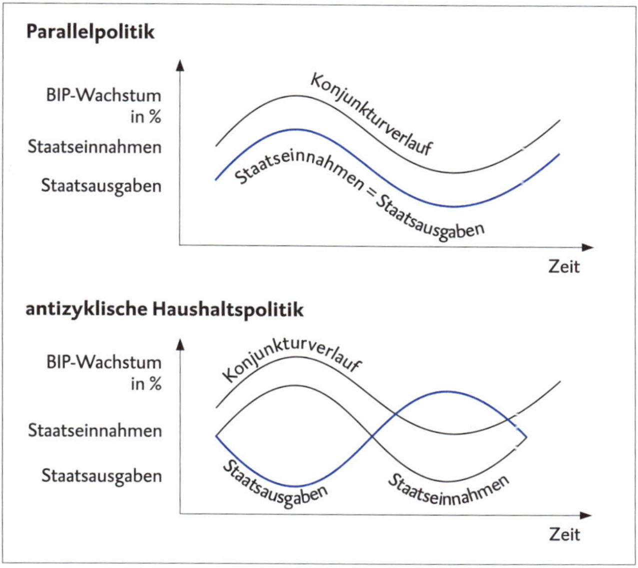

1.3 Der nachfrageorientierte Ansatz in der Übersicht

- Marktwirtschaftliche Systeme neigen zu Instabilitäten („Instabilitätstheorie").
- Die gesamtwirtschaftliche Nachfrage bestimmt die Höhe der Produktion, des Volkseinkommens und der Beschäftigung („Nachfrageorientierung").
- Der Staat kann das Marktsystem durch eine antizyklische Konjunkturpolitik stabilisieren („Politikoptimismus").
- Die Steuerung der gesamtwirtschaftlichen Nachfrageaggregate gilt als marktwirtschaftskonform.
- Vorrangig ist das Beschäftigungsziel, nachrangig das Ziel der Geldwertstabilität.
- Zentraler Politikbereich ist die Fiskalpolitik („Globalsteuerung"); von ihr gehen Multiplikatoreffekte aus („Multiplikatoroptimismus").
- Die Geldpolitik soll die Fiskalpolitik unterstützen („Politik des billigen Geldes in der Rezession").
- Notwendig ist eine einkommenspolitische Flankierung durch „Konzertierte Aktion" oder „Lohn- und Preiskontrollen".

1.4 Kritik an der nachfrageorientierten Theorie

Von 1970 bis 1982 stieg der Anteil der Staatsausgaben am BNE (Staatsquote) von 39,1 % auf 49,8 %. Im selben Zeitraum wuchs die Schuldenstandsquote (Verschuldung der öffentlichen Haushalte in Relation zum BIP in jeweiligen Preisen) von 18,6 % auf 38,7 % an. Der Keynesianismus hatte zu Staatsversagen geführt und Staatsverschuldung auch in Friedenszeiten salonfähig gemacht. Zahlreiche Kritiker meldeten sich zu Wort: Postkeynesianische Wirtschaftspolitik sei Nachfragestützungspolitik. Gesichert werde damit allerdings immer nur die hohe Auslastung der bereits bestehenden Kapazitäten, nicht aber das Entstehen neuer Märkte und neuer Technologien. Zur Marktwirtschaft gehöre eben auch, dass Unternehmen, die nicht mehr wettbewerbsfähig sind, vom Markt verschwinden und damit Platz machen für Unternehmen, die innovativ sind und kostengünstig produzieren. Insbesondere Mancur Olson wies am Beispiel der **„englischen Krankheit"** nach, dass auch die postkeynesianische Wirtschaftspolitik zum *Niedergang von Nationen* (so der Titel seines Buches) beitragen kann. Die inflatorische Schlagseite der postkeynesianischen Konjunkturpolitik, die Überforderung der

Wirtschaft im Zeichen der Finanzpolitik, die zahlreichen Konjunkturprogramme, die nur Strohfeuern glichen, und die strukturkonservierenden Effekte führten zuerst zur Beschleunigung der Inflation und schließlich zur Investitions-, Wachstums- und Beschäftigungskrise.

Seit 1975 stiegen Inflation und Arbeitslosigkeit gleichzeitig, ein Dilemma für Vertreter einer nachfrageorientierten Wirtschaftspolitik. Die Bekämpfung der Inflation durch Nachfragedämpfung hätte nur zusätzliche Beschäftigungsprobleme zur Folge gehabt. Hätte man versucht, die Beschäftigung durch Nachfrageausweitung zu erhöhen, wäre die Inflationsrate gestiegen. **Stagflation**, d. h. Stagnation des Wirtschaftswachstums bei gleichzeitigem Anstieg der Preise und der Arbeitslosenzahl, ist das Schlagwort für diese Erscheinung.

1.5 Die Grenzen staatlicher Finanzpolitik

- Während in Abschwungphasen eine expansive Finanzpolitik durch kreditfinanzierte Staatsausgaben auf keinen nennenswerten Widerstand politischer Interessen stößt, wird die politische Asymmetrie sichtbar, wenn in Aufschwungphasen eine restriktive Finanzpolitik mit Rücksicht auf organisierte politische Sonderinteressen, die bei Wahlen Einfluss haben, unterbleibt.
- Die föderalistische Struktur der Bundesrepublik mit unabhängiger Ausgabenpraxis von Bund, Ländern und Gemeinden ermöglicht das unkoordinierbare Nebeneinander von antizyklischem Verhalten des Bundes und prozyklischer Praxis der nachgeordneten Ebenen.
- Finanzpolitische Maßnahmen sind in der Regel auf den langwierigen Prozess der politischen Willensbildung in Parlamenten angewiesen. Wegen unkalkulierbarer Wirkungsverzögerungen (time lag) beeinflussen staatliche Entscheidungen häufig den Wirtschaftsverlauf in einer Phase, für die sie nicht konzipiert waren.
- Keynesianische Wirtschaftspolitik ist vor allem an aktuellen Problemen orientiert. Wenn der Staat vorrangig jene Branchen und Sektoren unterstützt, die in Schwierigkeiten geraten sind, verhindert er langfristig notwendige Strukturveränderungen einer Volkswirtschaft.
- Da Haushaltsdefizite bei Verschiebung der Konsolidierung auf unbestimmte Zeit in Kauf genommen werden, wächst die Staatsverschuldung. Der Spielraum für Haushaltspolitik wird immer geringer.
- Bei der Kreditaufnahme konkurriert der Staat in zunehmendem Maße mit privaten Kreditnehmern, trägt zur Verteuerung der Kredite bei und verdrängt private Investoren **(Crowding-Out-Effekt)**.

2 Die monetaristische Marktkonzeption

2.1 Die monetaristische Position

Für Keynes war der Staat Problemlöser in der Not der Wirtschaftskrise, für seine Kritiker war der Staat selbst die Ursache des Problems. Besonders profiliert trat der Ökonom Milton Friedman hervor, Vertreter der „Chicagoer Schule", dessen Konzeption zunächst von der besonderen Rolle des Geldes ausging, was seiner Theorie den Namen **„Monetarismus"** verlieh. In seinen späteren Veröffentlichungen knüpfte er an Positionen der klassischen Ökonomie an und entwickelte ein umfassendes Konzept einer neoklassisch-liberalen Wirtschaftspolitik, das von der Geld-, über die Finanz- und Außenwirtschaftspolitik bis hin zur Bildungs- und Sozialpolitik reichte. In Deutschland hat die Deutsche Bundesbank die „Wende" in der Wirtschaftspolitik im Jahr 1974 mit ihrer „Neuen Geldpolitik" eingeleitet. Dies kann als „Phase des monetaristischen Übergangs zur Angebotspolitik" bezeichnet werden. Etwa zur gleichen Zeit erfolgte auch in den USA und in Großbritannien ein Paradigmenwechsel zur **„supply-side-economics"** (USA: **„Reaganomics"** und Großbritannien: **„Thatcherismus"**).

Die wesentlichen Positionen der Angebotstheoretiker waren:

- Wachstumsschwäche hat ihre Ursache in Störungen auf der Angebotsseite, die auf unzureichende Investitionen zurückzuführen sind.
- Zur Beseitigung von Wachstumsschwächen und Unterbeschäftigung müssen Investitionshemmnisse abgebaut werden, z. B. hohe Unternehmenssteuern und Bürokratie **(Deregulierung)**.
- Der Staat soll auf destabilisierende Eingriffe verzichten und nur einen ordnungspolitischen Rahmen setzen, der den Wettbewerb garantiert. Staatliche Unternehmen sind weitestgehend zu privatisieren. Das Steuersystem ist leistungsfreundlich zu gestalten.
- Die Staatsquote ist möglichst gering zu halten und strukturelle Budgetdefizite sind abzubauen.
- Preisniveaustabilität ist die entscheidende Bedingung für das optimale Funktionieren des Preismechanismus und Voraussetzung für dauerhaftes Wirtschaftswachstum und einen hohen Beschäftigungsstand.
- Zentrale Steuerungsgröße ist die Geldmenge. Die Geldmengenentwicklung ist am Wachstum des Produktionspotenzials auszurichten.
- Eine zu weit gehende staatliche Umverteilungspolitik wirkt sich leistungsmindernd bei den Wirtschaftssubjekten aus.
- Angebotspolitik ist langfristig angelegt.

2.2 Der angebotsorientierte Ansatz in der Übersicht

Folgende Punkte liegen dem angebotsorientierten Ansatz zugrunde:

- Jedem Träger ist eine eindeutige Rolle zuzuweisen. Fehlentwicklungen können so leichter dem jeweiligen Verantwortungsträger zugeordnet werden.
- Wenn der Wettbewerb funktioniert, sind marktwirtschaftliche Systeme grundsätzlich stabil. Aufgabe des Staates ist es daher, dafür Sorge zu tragen, dass die Märkte funktionsfähig sind („Ordnungspolitik als Kausaltherapie“). Darüber hinausgehende Interventionen werden als „Symptomtherapie“ abgelehnt. Das gilt auch mit Blick auf die antizyklische Konjunkturpolitik („Verstetigungskonzept“).
- „Das Angebot schafft sich seine Nachfrage“: Bei der Produktion von Gütern entstehen Einkommen und damit kaufkräftige Nachfrage, die den Absatz der Produktion sichert.
- Innovative Unternehmer („Pionierunternehmer“) sind die Träger des Fortschritts- und Wachstumsprozesses.
- In der Realität sind die aufkommensmaximalen Steuersätze häufig überschritten. Steuersenkungen fördern die Leistungsbereitschaft („incentives“), das Wachstum und die Beschäftigung; sie erhöhen zudem das Steueraufkommen (vgl. Laffer-Kurve).

2.3 Die Quantitätstheorie des Geldes

Der Geldmenge kommt nach Auffassung der Monetaristen die zentrale Rolle im Wirtschaftsprozess zu. In einer Verstetigung der Geldmengenveränderung sehen sie die Möglichkeit, Konjunkturschwankungen langfristig zu glätten. Sie konzentrieren ihr Augenmerk auf den Zusammenhang zwischen Geld und Gütern, da es die Preise von Waren und Dienstleistungen sind, die den Konsumenten bei ihren Kaufentscheidungen Orientierung geben. Inflation kann jedoch diese Orientierung stören und somit die Ursache für Fehlentwicklungen sein.

Eine Vorstellung von der Wirkungsweise des Inflationsmechanismus liefert die von dem amerikanischen Ökonomen Irving Fisher auf eine Formel gebrachte **Quantitätsgleichung**, derzufolge das Produkt aus Geldmenge (M) und Umlaufgeschwindigkeit (v) gleich dem Produkt aus Gütermenge (YR) und Preisniveau (P) ist:

$$M \cdot v = YR \cdot P$$

Die Umlaufgeschwindigkeit (v) gibt an, wie häufig eine Geldeinheit innerhalb einer Periode benutzt wird, um Gütertransaktionen zu finanzieren. Sie wird in einer Volkswirtschaft als relativ stabil angenommen.

Der Gütermenge (YR) liegt das Bruttoinlandsprodukt zugrunde, das vom Reallohn, vom Bevölkerungswachstum und vom technischen Fortschritt abhängt, aber nicht von der Geldmenge. Einfluss auf das Preisniveau (P) hat folglich vor allem die Änderung der Geldmenge (M).

In der monetären Analyse der Europäischen Zentralbank spielt die Quantitätsgleichung die entscheidende Rolle. Sie ist die Grundlage des **Referenzwertes für das Geldmengenwachstum**. Der Wert wird folgendermaßen ermittelt:

$$M = \frac{YR \cdot P}{v}$$

Daraus ergibt sich für die Änderungsraten (Δ):

$$\Delta M = \Delta YR + \Delta P - \Delta v$$

1998 setzte der EZB-Rat den Referenzwert auf 4,5 %. Dazu war er von folgenden Annahmen ausgegangen: Die Wachstumsrate des BIP liegt im Euroraum etwa bei realen 2 % pro Jahr (dies war in den letzten Jahren nicht immer der Fall). Als Rückgang der Umlaufgeschwindigkeit wurde jährlich ca. 0,5 % ermittelt. Der Preisanstieg muss unter 2 % liegen. Also gilt:

$$\Delta M = 2\,\% + 2\,\% + 0{,}5.$$

Zur Erklärung:
0,5 wird addiert, weil ein doppeltes Minus Plus ergibt. Das bedeutet: Die Wirtschaft benötigt 2 % mehr Geld, um den Wachstumsprozess zu finanzieren und 0,5 % mehr Geld, um die steigende Vorliebe für Bargeld zu realisieren. Zudem werden 2 % mehr Geld bereitgestellt, um einen Preisanstieg von höchstens 2 % zu finanzieren.

Da die Steuerung der Geldmenge also in die Verantwortung der **Zentralbank** fällt, die eine ausschließlich am Produktionspotenzial ausgerichtete Geldmengenpolitik betreiben soll, ist sie nach Auffassung der Monetaristen mit ihrer Verpflichtung zur Geldwertstabilität **konjunkturpolitischer Hauptakteur**. Im Gegensatz dazu hat diese Rolle bei Keynes' nachfrageorientiertem Ansatz der Staat inne.

2.4 Der aufkommensoptimale Steuersatz

Dass Steuersenkungen große Anreizeffekte für Investitionen auslösen, die Steuerehrlichkeit fördern und die Steuereinnahmen erhöhen können, ist eine verbreitete Auffassung unter Vertretern der Angebotstheorie. Der amerikanische Ökonom Arthur Laffer, Wirtschaftsberater des amerikanischen Präsidenten Ronald Reagan, versuchte dies in der nach ihm benannten **„Laffer-Kurve“** nachzuweisen.

Ein von null ausgehender Steuersatz führt der Theorie zufolge zunächst zu höheren Steuereinnahmen, bis der Punkt des maximalen Steueraufkommens erreicht ist. Doch ab einer kritischen Steuerhöhe nehmen die Steuereinnahmen wieder ab, da der Anreiz, steuerpflichtiges Einkommen zu erzielen, sinkt. Zusätzlich drängen zu hohe Steuersätze die Wirtschaftssubjekte zunehmend in Grauzonen und die Illegalität (Stichwort Schattenwirtschaft). Angebotstheoretiker sind der Meinung, dass dieser kritische Punkt für Deutschland bereits überschritten ist und dass eine Erhöhung der Steuereinnahmen daher nur mit einer Senkung der Steuersätze zu erreichen ist.

Der von Laffer beschriebene Zusammenhang ist allerdings empirisch keineswegs belegt. Als US-Präsident Reagan die Steuern senkte, brachen auch die Steuereinnahmen ein. In Ländern mit extrem hohen Steuern (z. B. Schweden in den 70er-Jahren) mag die Theorie aber ihre Berechtigung haben. Auch die Senkung des Steuersatzes für Spitzenverdiener könnte die erhoffte Wirkung haben.

Laffer-Kurve

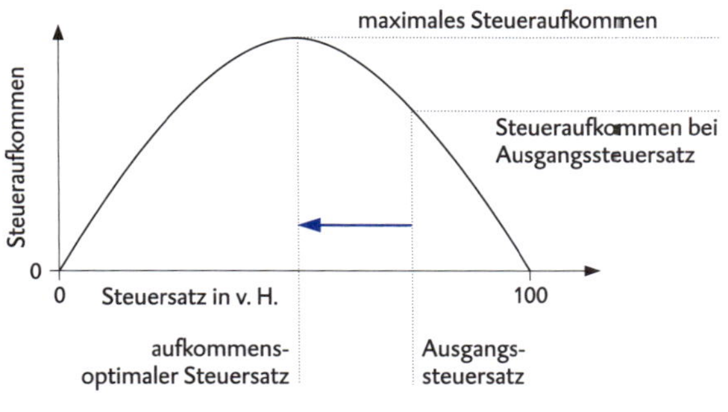

2.5 Kritik an der Angebotstheorie

Der Vorwurf an die Keynesianer, dass staatliche Fiskalpolitik erst mit Zeitverzögerung ihre Wirkung entfaltet und Gefahr läuft, dem Wirtschaftsprozess falsche Impulse zu verleihen, lässt sich in ähnlicher Form auch gegen die Monetaristen richten. Die Wirkungsverzögerungen von Zinssätzen und Geldmengen auf Investitionen und Konsum sind ebenfalls unkalkulierbar.

Darüber hinaus ist die monetaristische Annahme, dass hauptsächlich der Staat für konjunkturelle Schwankungen verantwortlich ist, in dieser strikten Form nicht haltbar. Weitere mögliche Störfaktoren wie beispielsweise innenpolitische Spannungen, weltwirtschaftliche Turbulenzen und externe monetäre Impulse, die aus internationalem Zinsgefälle oder veränderten Wechselkursen resultieren, werden unterschätzt.

Ein weiterer Kritikpunkt bezieht sich auf die politische Steuerungsfähigkeit moderner Gesellschaften. Eine ausgeprägte Angebotspolitik, die überwiegend auf die Marktkräfte setzt, kann die Einkommensunterschiede beträchtlich erhöhen. In Gesellschaften, aus deren historischer Erfahrung sich ein Wertegefüge entwickelt hat, das dem Gleichheitsgrundsatz eine große Bedeutung einräumt, dürfen politische Entscheidungen nicht ausschließlich nach einer ökonomischen Logik getroffen werden, welche die sozialen Unterschiede vergrößern und den inneren Frieden gefährden kann.

Finanz- und Einkommenspolitik

1 Finanzpolitik

Die Finanzpolitik (auch: Fiskalpolitik) bezeichnet alle politischen und gesetzgeberischen Maßnahmen zur Ordnung und Gestaltung der Staatsfinanzen. Neben der Beschaffung der Staatseinnahmen verfolgt sie übergreifende nichtfiskalische Ziele wie Wohlstandsmehrung und die Förderung von Gerechtigkeit und sozialer Sicherheit.

1.1 Funktion staatlicher Finanzpolitik

Die Rechtfertigung staatlicher Finanzpolitik
In einem marktwirtschaftlichen System, in dem die Bereitstellung von Gütern und Dienstleistungen über den Preismechanismus auf Märkten geregelt wird, bedarf staatliche Tätigkeit einer besonderen Begründung. Der Staat hat subsidiären Charakter, wo offensichtlich **Marktversagen** vorliegt. An dieser Stelle ist es sinnvoll, eine Unterscheidung zwischen **privaten** und **öffentlichen Gütern** vorzunehmen. Private Güter sind solche, für die ein Markt existiert, für die ein Nachfrager einen Preis bezahlt und womit andere Nachfrager ausgeschlossen werden **(Ausschlussprinzip)**. Öffentliche Güter sind solche, von deren Nutzen niemand ausgeschlossen werden kann, für die also keine private Zahlungsbereitschaft besteht **(Trittbrettfahrereffekt)**. Öffentliche Güter sind z. B. saubere Luft, innere Sicherheit, Straßenbeleuchtung, Infrastruktur.

Neben diesen spezifischen öffentlichen Gütern gibt es sog. **meritorische** öffentliche Güter. Zwar gibt es für sie einen privaten Markt. Doch da eine zu geringe Nachfrage zu befürchten ist, sorgt der Staat dafür, dass ihre Nutzung zu einem nicht kostendeckenden Preis möglich ist. Nur dadurch können zahlreiche Büchereien, Kindergärten und Hochschulen bestehen und Impfungen stattfinden. Zum Teil sind diese Güter sogar kostenlos, beispielsweise der Erwerb von Bildung in Schulen. Der Staat stiftet Nutzen und erwirbt sich damit einen Verdienst (engl. merit).

Zum Sektor Staat, wie er in der VGR auftritt, gehören
- die Gebietskörperschaften (insbesondere Bund, Länder, Gemeinden);
- die Sozialversicherung (insbesondere Renten-, Kranken-, Pflege- und Arbeitslosenversicherung).

Ziele der Finanzpolitik

Die finanzpolitischen Aktivitäten des Staates verfolgen drei Ziele:

- das **Allokationsziel:** die volkswirtschaftlichen Ressourcen werden so verteilt, dass ein Güterangebot entsteht, das über den Marktmechanismus nicht zustande gekommen wäre;
- das **Distributionsziel:** die Ergebnisse der gesellschaftlich als ungerecht empfundenen Primärverteilung korrigiert der Staat nachträglich mittels Umverteilung;
- das **Stabilisierungsziel:** der Staat versucht die für eine marktwirtschaftliche Ordnung charakteristischen konjunkturellen Schwankungen im Sinne des Stabilitätsgesetzes auszugleichen. Er sorgt für eine Umverteilung zwischen verschiedenen Zeitperioden.

1.2 Finanzpolitische Instrumente – Staatseinnahmen

Die wichtigste Einnahmequelle sind **Steuern**, d. h. Zwangseinnahmen des Staates ohne besondere Gegenleistung. Es gilt das Prinzip der Nichtzweckbindung. Alle Steuereinnahmen dienen der Finanzierung aller Ausgaben. Sie fließen nicht in besondere Töpfe, wie es der Begriff der Ökosteuer vermuten lässt.

Die steuerliche Belastung könnte nach dem **Äquivalenzprinzip** erfolgen. Grundlage ist ein individualistisches Staatsverständnis, wobei Steuern der Preis sind, den die Bürger für die Nutzung staatlicher Leistungen zahlen. Problematisch daran ist die Schwierigkeit, den Nutzen der Bürger zu messen, vor allem bei öffentlichen Gütern. Auf größere Zustimmung trifft das Verständnis einer steuerlichen Belastung nach dem **Leistungsfähigkeitsprinzip**. Die Individuen sind Mitglieder eines staatlichen Ganzen, zu dessen Funktionsfähigkeit sie nach Maßgabe ihrer jeweiligen Möglichkeiten beizutragen haben. Daraus leitet sich eine ungleiche Besteuerung als Ausdruck vertikaler Gerechtigkeit ab.

Zentral für die Beurteilung der Steuergerechtigkeit ist darüber hinaus die **Steuerinzidenz**. Damit ist die Frage gemeint, wer letztlich die Steuerlast zu tragen hat. Dies scheint oft nur auf den ersten Blick eindeutig zu sein. Eine Luxussteuer auf Pelze trifft selten den potenziellen Käufer, da er leicht auf andere Luxusgüter ausweichen kann. Betroffen sind eher diejenigen, die Pelze herstellen und verkaufen.

Die Steuersystematik

Man unterscheidet **direkte und indirekte Steuern**. Ein Kriterium der Zuordnung ist die Frage der Überwälzbarkeit. Bei einer direkten Steuer ist derjenige, der die Steuer ans Finanzamt abführt, identisch mit demjenigen, der die Last trägt, wie bei der Einkommensteuer. Ein Beispiel für eine indirekte Steuer ist die Mehrwertsteuer. Eine detailliertere Gliederung hebt auf den Steuergegenstand ab:

Art der Steuer	Beispiele
Einkommensteuer	Lohn-, veranlagte Einkommens-, Körperschaftssteuer
Verkehrssteuern	Mehrwert-, Grunderwerbs-, Versicherungssteuer
Verbrauchssteuern	Branntweinsteuer, Kfz-Steuer, Tabaksteuer, Energiesteuer, Stromsteuer, Kaffeesteuer
Ertragssteuern	Gewerbesteuer, Grundsteuer
Erbschaftssteuer	Erbschaftssteuer
Zölle	Importzölle

Der Einkommensteuertarif

Für die Berechnung der steuerlichen Belastung sind der Steuertarif und die Steuerbemessungsgrundlage (das zu versteuernde Einkommen) von Bedeutung. Ein **progressiver Tarif** liegt vor, wenn mit zunehmendem Einkommen die steuerliche Belastung stärker steigt als die wachsende Bemessungsgrundlage.

Die folgende Abbildung veranschaulicht diesen Zusammenhang. Auf der senkrechten Achse wird der Steuerbetrag T abgetragen, auf der waagerechten die Bemessungsgrundlage Y (z. B. Einkommen). Der Tarif steigt vom 0-Punkt progressiv an. Die durchschnittliche Belastung im Punkt P2 (T2 : Y2) ist größer als im Punkt P1.

Steuertarif mit direkter Progression

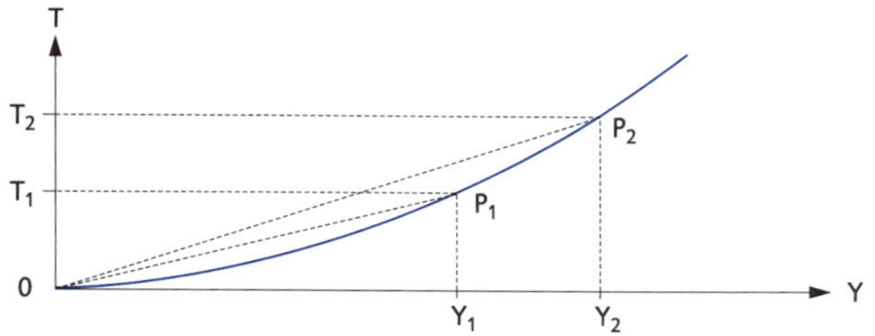

Bei einem **proportionalen Steuertarif** bleibt die durchschnittliche steuerliche Belastung immer gleich hoch, wie bei der Mehrwertsteuer, die seit 2007 für die meisten Güter und Dienstleistungen bei 19 % liegt.

Von eher theoretischer Natur ist die Möglichkeit eines **regressiven Steuertarifs**. Danach würde mit wachsender Besteuerungsgrundlage die steuerliche Belastung sinken. Das wäre der Fall bei einer Kopfsteuer, die jeder Bürger ohne Rücksicht auf sein Einkommen zu zahlen hätte.

Neben dem **Durchschnittssteuersatz**, in dem sich die Belastung des Gesamteinkommens widerspiegelt, spielt der **Grenzsteuersatz** eine besondere Rolle. Er gibt die Höhe des Steuerbetrags an, den man für die Einheit zu zahlen hat, um die das Einkommen steigt, einfacher gesagt: der Steuersatz, den man für den letzten Euro zu zahlen hat, um den das Einkommen steigt. Der **Spitzensteuersatz** ist der Grenzsteuersatz, der das obere Ende der Skala bildet. In der Bundesrepublik liegt er derzeit bei 42 %. Für ein Einkommen ab 250 731 € gilt ein besonderer Spitzensteuersatz mit 45 %, die sog. Reichensteuer. Von ihr werden rund 40 000 Menschen erfasst. Der **Eingangssteuersatz** dagegen ist der Steuersatz für den ersten Euro oberhalb des **Grundfreibetrages**, den Privatpersonen und Einzelunternehmer zu zahlen haben. Der Grundfreibetrag ist der Einkommensteil, der nicht besteuert wird. Er liegt 2015 bei 8 472 € (2016: 8 652 €), der Eingangssteuersatz beträgt 14 %.

Steuertarif 2015

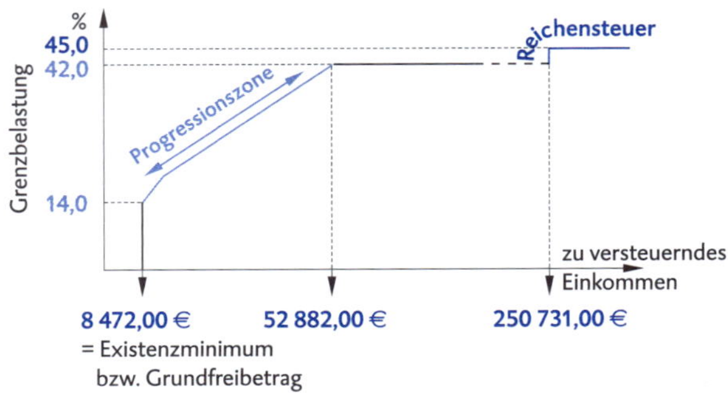

Steuerwirkung: Nettowohlfahrtsverlust und Steuerinzidenz

Der Staat erhebt Steuern, weil er Geld für seine zahlreichen Aufgaben benötigt, weil er Einkommen umverteilen will und weil er die Produktion oder den Konsum bestimmter Güter einschränken möchte. Unabhängig von der Zielsetzung der Steuererhebung stellen sich zwei Fragen:

- Welchen Anteil an der Steuerlast tragen Anbieter und Nachfrager? **(Steuerinzidenz)**
- Wie wirkt sich die Steuer auf die nachgefragte und die angebotene Menge aus? **(Nettowohlfahrtsverlust)**

Das Beispiel einer Alkoholsteuer, die bei den Anbietern erhoben wird und die diese über den Preis auf die Nachfrager überwälzen möchten, verdeutlicht, dass beliebige Preissteigerungen unmöglich sind, da Nachfrager auf Preissteigerungen eventuell mit Verzicht reagieren. Folgende Faktoren beeinflussen das Verhalten von Anbietern und Nachfragern:

Können die Anbieter auf andere, nicht der Steuer unterliegende Geschäftsbereiche ausweichen, werden sie ihre Flexibilität nutzen, um die Steuer weitgehend auf die Nachfrager überzuwälzen. Fehlt ihnen diese Alternative, werden sie die Verringerung der verkauften Menge verhindern wollen und Gewinneinbußen durch die Steuer notgedrungen in Kauf nehmen. Im ersten Fall können sie **preiselastisch** reagieren und die nachteiligen Folgen der Steuererhöhung weitgehend auf die Nachfrager schieben. Im zweiten Fall ist es für sie ein Nachteil, dass sie relativ **preisunelastisch** sind. Langfristig betrachtet sieht das jedoch anders aus. Hier kommt den Anbietern zu Hilfe, dass sie sich durch Investitionsentscheidungen aus wenig rentablen Bereichen zurückziehen können.

Nettowohlfahrtsverlust bei unelastischer Nachfrage

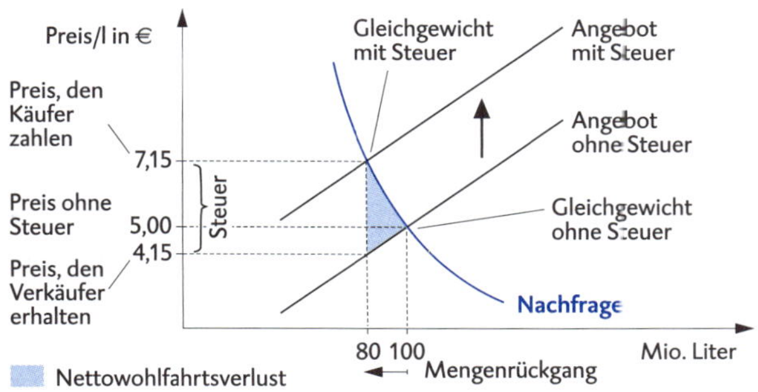

Die Verhaltensspielräume der Nachfrager sehen wie folgt aus: Im ersten Diagramm treffen sich Angebot und Nachfrage in einem Land, in dem keine Alkoholsteuer erhoben wird, bei 100 Mio. Litern Alkohol und einem Preis von 5 €/Liter. Nachdem der Staat pro Liter eine Steuer von

3 € eingeführt hat, erhöht sich der Preis für jede angebotene Menge um diesen Betrag. Die Angebotskurve verschiebt sich um 3 € nach oben. Es wird angenommen, dass die **Nachfrager relativ unelastisch** auf den Preisanstieg reagieren, was der steile Anstieg der Nachfragekurve zeigt. Der neue Gleichgewichtspunkt ergibt sich bei einer Menge von 85 Mio. Litern Alkohol zu einem Preis von 7,15 €. Die Käufer mussten also 2,15 € und die Verkäufer nur 0,85 € des Preisanstiegs übernehmen. Der Mengenrückgang fällt relativ gering aus. Die Steuer schiebt einen Keil zwischen den vom Käufer bezahlten und den vom Verkäufer erlösten Preis (blaue Fläche). Die Fläche des Keils gibt an, wie stark das Marktvolumen durch die Einführung einer Steuer geschrumpft ist, wie hoch der Nettowohlfahrtsverlust durch die Steuer ausgefallen ist. Im dargestellten Beispiel ist die Reduzierung recht gering.

Anders sieht es aus, wenn die **Nachfrage elastisch** ist, die Nachfrager z. B. leicht auf ein alternatives Produkt ausweichen können, was der flache Anstieg der Nachfragekurve zeigt. Die Hauptlast der Steuer tragen nunmehr die Anbieter. Die verkaufte Menge geht stärker zurück.

Nettowohlfahrtsverlust bei elastischer Nachfrage

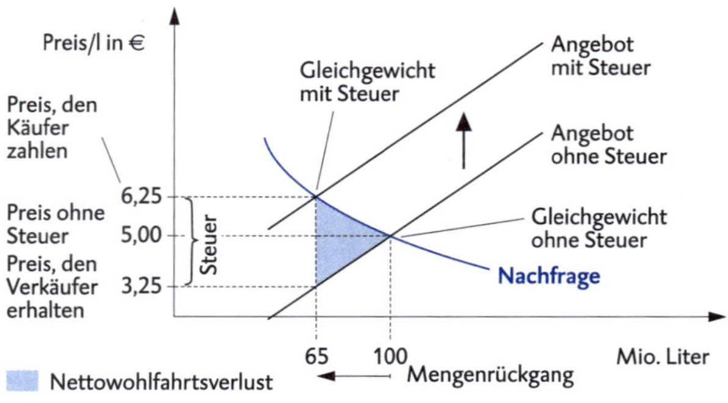

Somit kann festgehalten werden:

- Bestimmend für die Steuerinzidenz ist die Preiselastizität von Angebot und Nachfrage. Je unelastischer eine Seite ist, desto größer ist der Anteil der Steuerlast, den sie übernehmen muss.
- Je preiselastischer Anbieter und Nachfrager auf eine Steuer und die Versuche der Überwälzung zu ihren Ungunsten reagieren können, desto größer ist der Nettowohlfahrtsverlust in einer Volkswirtschaft.

1.3 Finanzpolitische Instrumente – Staatsausgaben

Staatsquote und Abgabenquote

Die **Staatsquote** errechnet sich aus dem Verhältnis der Staatsausgaben zum BIP. Bereinigt man die Staatsausgaben um die Transferzahlungen, genauer gesagt um die Geldbeträge des Staates an die privaten Wirtschaftssubjekte aus sozialen Gründen sowie um die Zinszahlungen des Staates an die privaten Wirtschaftssubjekte, erhält man die Staatsquote im engeren Sinne, die den eigentlichen Staatsbedarf ausdrückt. Davon ist die **Abgabenquote** zu unterscheiden. Sie drückt das Verhältnis von Steuerzahlungen plus Sozialabgaben zum BIP aus.

Der Wohlfahrtsstaat und die Ausweitung der staatlichen Tätigkeiten ließen die Staatsquote in der Geschichte der Bundesrepublik kontinuierlich ansteigen. 1950 betrug sie 31,1 %, stieg seit Beginn der 70er-Jahre über 40 % und liegt seitdem in der Regel zwischen 40 % und 50 %. Diese Tendenz wird zunehmend kritisiert. Doch sollte man die Gründe nicht übersehen, die ein Wachstum der Staatstätigkeit begünstigen:

- Die Produktion staatlicher Leistung ist personalintensiv.
- Rationalisierung ist daher nur in begrenztem Umfang möglich.
- Die Nachfrage nach superioren Gütern (superior = überlegen) wie Kultur und Bildung nimmt mit steigendem Einkommen in Wohlstandsgesellschaften überproportional zu.
- In modernen Gesellschaften steigt die Sensibilität für die externen Kosten des Produktionsprozesses. Auf das Phänomen des Marktversagens im Bereich der öffentlichen Güter (z. B. Umweltgüter) reagieren die gesellschaftlichen Eliten mit dem Ruf nach dem regulierenden Staat.

Ausgabenpolitik

Ausgaben des Staates kann man danach unterteilen, ob sie Gegenleistungen für in Anspruch genommene Güter darstellen oder nicht. Zur ersten Gruppe zählt der **Staatsverbrauch** (= Staatskonsum). Das sind Käufe bei Unternehmen, Einkommenszahlungen an private Haushalte (z. B. Beamte, Angestellte, Arbeiter) und staatliche Investitionen. Kennzeichnend für die zweite Gruppe von Staatsausgaben ist, dass sie ohne Gegenleistungen erfolgen. Das sind vor allem Transferzahlungen an private Haushalte (Renten, Sozialhilfe etc.) und Subventionen an den Unternehmenssektor.

Der Staatshaushalt

Das **Haushaltsrecht** ist das „Königsrecht" des Parlaments. Um demokratischen Erfordernissen zu genügen, müssen bei der Aufstellung von

Haushaltsplänen gewisse Prinzipien beachtet werden. Beim Haushaltskreislauf, dem gesetzlich vorgeschriebenen Weg, sind die Phasen Aufstellung des Haushalts, Vollzug sowie Kontrolle und Entlastung einzuhalten. Der Haushalt ist nach Aufgabenbereichen gegliedert, die der Einteilung in die Ministerien entsprechen. Den größten Ausgabenblock hat das Arbeits- und Sozialministerium zu verantworten. 2015 beträgt sein Anteil über 40 % an einem Gesamthaushaltsvolumen von knapp über 300,0 Mrd. € (1987 ca. 22 %). Den drittgrößten Haushaltsposten stellt bereits die Bundesschuld mit ca. 8,0 % dar (1987: 12,7 %), Ergebnis einer fortlaufenden und in der Regel gestiegenen Nettokreditaufnahme über Jahrzehnte.

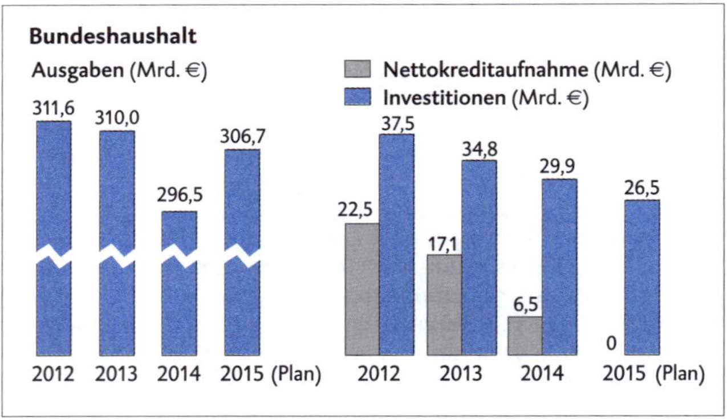

Der Finanzausgleich

Um die ungleiche Aufkommensverteilung der Steuern auf die Gebietskörperschaften auszugleichen, kommt ein Finanzausgleich zwischen den Ländern **(Länderfinanzausgleich)** wie auch zwischen Bund und Ländern **(Bundesergänzungszuweisungen)** zur Anwendung, um die vom Grundgesetz geforderte „Einheitlichkeit der Lebensverhältnisse im Bundesgebiet" (Art. 106, Abs. 3) zu verwirklichen. Im Jahr 2014 war Bayern mit 4,9 Mrd. € größtes Geberland; Berlin hat mit 3,5 Mrd. € am meisten vom Länderfinanzausgleich profitiert. Befürworter eines sogenannten **Wettbewerbsföderalismus** kritisieren am jetzigen System, es nehme von den Ländern den Druck, durch eine gute Wachstumspolitik selbst für eine Steigerung der Steuereinnahmen zu sorgen, fördere stattdessen eine Trittbrettfahrermentalität.

1.4 Staatsverschuldung

Staatsverschuldung ergibt sich als die Anhäufung aller Haushaltsdefizite der Vergangenheit abzüglich der Haushaltsüberschüsse. Eine Ursache liegt in der staatlichen Kreditaufnahme im Rahmen der antizyklischen Finanzpolitik (deficit spending), wobei die Kredite in der Boomphase nicht in ausreichendem Maße zurückbezahlt wurden. Eine folgenreichere Ursache liegt in der **strukturellen Verschuldung**, d. h. einer anhaltenden Finanzierungslücke im Haushalt.

Die Entwicklung der Staatsverschuldung

Die Entwicklung der öffentlichen Verschuldung in der Bundesrepublik weist vier Phasen auf:

- eine zurückhaltende Schuldenpolitik in der Wiederaufbauphase nach dem Zweiten Weltkrieg;
- eine Beschleunigung der Verschuldung in der Folge des Stabilitäts- und Wachstumsgesetzes 1967 im Kontext einer nachfrageorientierten Wirtschaftspolitik;
- eine relative Verringerung der Staatsverschuldung nach der politischen Wende 1982 im Kontext einer angebotsorientierten Wirtschaftspolitik;
- ein abrupter Anstieg der Verschuldung ab 1990 zur Finanzierung der Deutschen Einheit.

Deutsche Staatsverschuldung in Milliarden Euro (1950–2014)

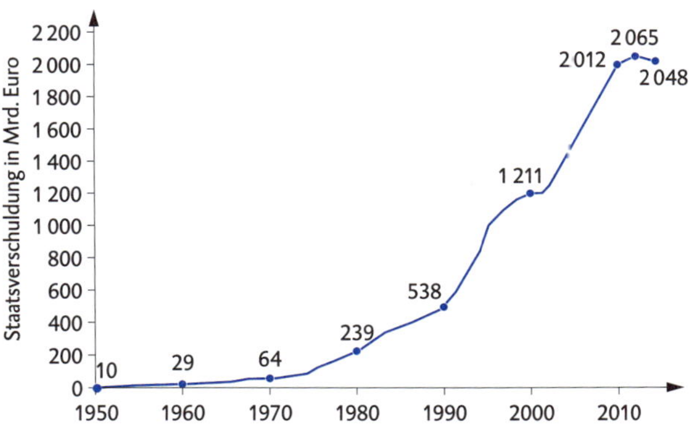

Formen öffentlicher Verschuldung

Entsprechend den verschiedenen Bedürfnissen von Schuldnern und Gläubigern hat sich ein breites Spektrum von Erscheinungsformen der öffentlichen Verschuldung entwickelt. Die maßgeblichen Unterscheidungsmerkmale sind dabei die jeweilige Fristigkeit und die Aufteilung in Buch- und Briefschulden (Wertpapiere). Die wichtigsten Formen:

- **Schuldscheindarlehen** werden meist als mittel- oder langfristige Direktkredite von Kreditunternehmen oder Versicherungen vergeben (im kommunalen Bereich fast die einzige Form der Verschuldung);
- **Kassenobligationen** sind eine Form des festverzinslichen mittelfristigen Kredites (3 bis 5 Jahre) durch Großanleger (Kreditinstitute), wobei in der Regel die Beleihbarkeit durch die Notenbank gegeben ist;
- **Anleihen** sind Kapitalmarktpapiere zur mittel- und langfristigen Haushaltsfinanzierung, die i. d. R. über den Kreditsektor (Emissionssyndikate) der Öffentlichkeit zum Kauf angeboten bzw. von den im Emissionssyndikat vertretenen Kreditinstituten selbst übernommen werden. Sie sind börsenfähig. Eine Sonderform sind die **Bundesschatzbriefe**, die der Bund Privatanlegern direkt anbietet;
- **Geldmarktverschuldung:** die kurzfristigste Form öffentlicher Verschuldung sind Schatzwechsel, die aber seit 1969 nicht mehr begeben werden. Etwas längerfristig sind „Schatzanweisungen", also „unverzinsliche" Diskontpapiere mit einer Laufzeit zwischen 6 und 24 Monaten. Die Verzinsung ergibt sich aus der Differenz zwischen dem niedrigeren Ausgabekurs und der am Ende der Laufzeit fälligen Tilgung zum Neuwert. Dies gilt auch für die sog. „Finanzierungsschätze", die in kleinerer Stückelung für Privatanleger angeboten werden.

Staatsschulden und Maastricht-Kriterien

Im Vertrag von Maastricht sind die Bedingungen für die Teilnahme an der Währungsunion festgelegt. Die Mitgliedstaaten sollen einen hohen Grad wirtschaftlicher Konvergenz erreichen. Damit ein Land der Währungsunion beitreten kann, muss es unter anderem ein **Budgetdefizit- und ein Schuldenstandskriterium** erfüllen. Konkret bedeutet dies:

- Das Haushaltsdefizit soll nicht mehr als drei Prozent des BIP betragen.
- Für die Staatsverschuldung gilt ein Richtwert von 60 % des BIP, den die Länder erfüllen oder an den sie sich kontinuierlich annähern sollen.

Im Mai 2006 überschritt die Gesamtverschuldung die historische Marke von 1,5 Bio. € und erreichte damit 70 % des BIP. Auf jedem Einwohner Deutschlands lag damit die Last von gut 18 200 € öffentlicher Schulden. 2006 erfüllte Deutschland aber zum ersten Mal seit 2001 wieder das Budgetdefizit-Kriterium.

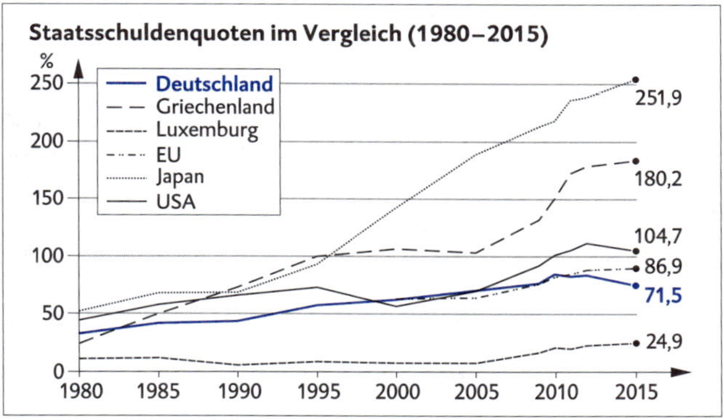

Probleme der Staatsverschuldung

Die Frage nach den Grenzen staatlicher Verschuldung wird kontrovers diskutiert. Da die Kredite nicht komplett für Investitionen verwendet werden und steigende Zins- und Tilgungsverpflichtungen die Haushaltsspielräume immer weiter einengen, wächst die Skepsis. Seit dem Haushaltsjahr 2011 wird die Verschuldungsregel auf den Bundeshaushalt angewendet. Die sogenannte **„Schuldenbremse"** (Bestandteil der Föderalismusreform 2009) ersetzt den vorher geltenden alten Art. 115 des Grundgesetzes, der immer wieder Anlass umfangreicher Kritik war.
Kritiker nehmen über die jährlichen Haushaltsdefizite hinaus auch unverbriefte Verbindlichkeiten des Staates ins Kalkül, z. B. Ansprüche aus den Sozialversicherungen. Auch diese Lasten sind von künftigen Generationen zu tragen. Mit der Methode der **Generationenbilanzierung** haben Ökonomen für jeden Geburtsjahrgang die Nettozahlungsströme zwischen Staat und Bürgern in einem Generationenkonto bilanziert, das idealerweise ausgeglichen sein müsste. Nach ihrer Überzeugung sind künftige Generationen jedoch die Verlierer: Da sie mehr einzahlen, als sie erhalten, ist das Prinzip der Nachhaltigkeit, hier finanzpolitisch verstanden, verletzt. Sie befinden sich finanzpolitisch in einer schlechteren Lage als frühere Generationen, die über ihre Verhältnisse gelebt haben.

Andere Ökonomen halten dem entgegen, dass die Käufer von Staatsschuldverschreibungen ihre Ansprüche gegenüber dem Staat an die folgende Generation vererben, sodass eine intertemporale Lastenverschiebung grundsätzlich unmöglich ist. Man könne höchstens befürchten, dass die Bezieher hoher Einkommen in Zukunft über mehr Staatspapiere verfügen als Einkommensschwache, die Bezieher niedriger Einkommen also über Steuern die Zinserträge der Reichen finanzieren müssen. Das sei aber ein intragenerationelles Problem, kein intergenerationelles.

Die Ursachen des Schuldenproblems in Demokratien

Plausible Antworten auf die Frage, warum die öffentlichen Schulden in demokratischen Gesellschaften langfristig steigen, liefert die **Public-Choice-Theorie**. Ausgangspunkt der Überlegungen ist die Tatsache, dass in Demokratien Politiker durch Wahlen an die Macht kommen. Politiker sind politische Unternehmer, deren Ziel wie bei allen Unternehmern die Maximierung ihres Nutzens ist. In ihrem Fall ist das die (Wieder-)Wahl. Für Wähler ist das Thema Staatsverschuldung eher undurchsichtig. Sie sind recht schlecht informiert. Politiker haben die Möglichkeit, über Ausgaben zu entscheiden, deren positive Wirkung von ihren potenziellen Wählern direkt gespürt und den Wohltätern zugeordnet wird (assignment). Dass die Ausgaben später finanziert werden müssen, kann im Verborgenen bleiben, wenn es durch unmerkliche Einnahmen wie z. B. durch eine Erhöhung der Verbrauchssteuern geschieht.

Generell wird eine Nutzeneinheit in der Gegenwart viel höher eingeschätzt als eine Kosteneinheit in der Zukunft. Attraktiver als eine Steuererhöhung, die zur öffentlichen Debatte und Minderung der Wahlchancen führen kann, ist es daher, die Kreditfinanzierung in eine ferne Zukunft zu verschieben. Hinzu kommt, dass in Staaten mit Verhältniswahlrecht an der Regierungsbildung mehrere Parteien beteiligt sind. Eine einvernehmliche Kooperationslösung wird unwahrscheinlich, da jede Partei ihr Ressort nutzt, um die eigene Wählerklientel zufriedenzustellen. Die Folge ist ein Wettbewerb um die Aufblähung der einzelnen Haushaltstitel. Kurz vor Wahlen erfährt dieses Verhalten noch eine Verstärkung.

Staatliches Eigeninteresse an der Schuldenbegrenzung

2008 betrug die Staatsverschuldung der Bundesrepublik etwa 1,8 Bio €. Allein die Zinsabgaben umfassten 15 % des Bundeshaushalts. Die steigende Verschuldung schränkte den Handlungsspielraum staatlicher Institutionen zunehmend ein. So lag es irgendwann auch im Eigeninteresse der regierungsbildenden parlamentarischen Mehrheiten, sich ein Mindestmaß an politischen Gestaltungsmöglichkeiten zu bewahren. Einen Schritt dazu taten Bundestag und -rat im Jahr 2009 mit der Aufnahme der sog. **Schuldenbremse** in das Grundgesetz: Ab 2016 gilt für den Bund eine Begrenzung auf jährlich 0,35 % des BIP. Ab 2020 muss Art. 109 Abs. 3 GG definitiv eingehalten werden, d. h., „die Haushalte von Bund und Ländern sind grundsätzlich ohne Einnahmen aus Krediten auszugleichen“. Lediglich in Notsituationen wie Naturkatastrophen und Rezessionen sind Ausnahmen für Bund und Länder möglich.

2 Einkommens- und Vermögenspolitik

Eine gerechte Einkommens- und Vermögensverteilung wird häufig als Ziel in Parteiprogrammen formuliert. Dabei ist zwischen der Einkommens- und der Vermögensverteilung zu unterscheiden.

2.1 Einkommensverteilung

Die **primäre Einkommensverteilung** ist das Ergebnis jener Verteilung, die sich direkt aus dem Produktionsprozess ergibt (Bruttoeinkommen). Die Umverteilung durch den Staat führt zur **sekundären Einkommensverteilung**. Der Staat entzieht Einkommen durch Steuern und Sozialversicherungsbeiträge und überträgt es in Form von Sozialtransfers. Dies führt zum **verfügbaren Einkommen**.

Die Aufteilung des Einkommens lässt sich unter den folgenden zwei Aspekten betrachten:

- als Verteilung des Volkseinkommens auf die Produktionsfaktoren Arbeit, Kapital und Boden **(funktionelle Verteilung)**
- als Verteilung auf Einzelpersonen oder Haushalte **(personelle Verteilung)**.

In der Lohn- und Gewinnquote drückt sich die funktionelle Verteilung aus. Die **Lohnquote** ist der Anteil der Einkommen aus unselbstständiger Arbeit am Volkseinkommen. Die **Gewinnquote** ist der Anteil der Einkommen aus Unternehmertätigkeit und Vermögen.

Häufig wird die Lohnquote als Maßstab für eine sozial gerechte Verteilung des Volkseinkommens genommen, wobei eine sinkende Lohnquote als Beweis für wachsende soziale Ungerechtigkeit angesehen wird. Die Entwicklung der **bereinigten Lohnquote** für Deutschland scheint diesen Trend zu belegen.

1995	2000	2005	2010	2013
73,5 %	72,9 %	68,0 %	68,1 %	69,1 %

Die **unbereinigte Lohnquote** erfasst pauschal den Anteil der Löhne am Volkseinkommen. Sie kann wachsen, wenn bei unveränderter Erwerbstätigenstruktur die Löhne stärker als die Gewinneinkommen steigen oder wenn die Zahl der Lohnempfänger zunimmt. Da im letzten Fall eine Aussage über eine Einkommensumverteilung nicht möglich ist, wird eine bereinigte Lohnquote ermittelt, bei der rechnerisch die Beschäftigungsstruktur (das Verhältnis zwischen Selbstständigen und Unselbstständigen) eines Basisjahres als konstant angenommen wird. Doch auch darüber hinaus ist die Aussagekraft der Lohn- bzw. der Gewinnquote nicht eindeutig:

- Die Lohnquote sagt nichts über die Streuung der Einkommen aus. Zu ihrer Höhe trägt auch das Spitzeneinkommen des Vorstandsmitglieds eines Konzerns bei, während die Gewinnquote durch das niedrige Einkommen von Kleinselbstständigen und Ich-AGs gedrückt wird.
- Im Zuge der Altersvorsorge erwerben immer mehr Arbeitnehmer Aktien und Immobilien, deren Dividende oder Mieteinnahmen in die Gewinnquote eingehen. Damit werden die Konturen zwischen Arbeitnehmer- und Kapitaleinkommen zunehmend verwischt.
- In der Lohnquote sind die Einkommen aus der Schattenwirtschaft (Schwarzarbeit) nicht erfasst.

Untersucht man, wie sich das Einkommen auf die einzelnen Personen verteilt, ergibt sich folgendes Bild:

	Nettojahreseinkommen 2012 in Euro (je Erwerbstätigen)	Zunahme bis 2020 in Euro
1. Quintil: die ärmsten 20 %	7 200	750
2. Quintil: die zweitärmsten 20 %	14 550	1 350
3. Quintil: die mittleren 20 %	20 450	1 750
4. Quintil: die zweitreichsten 20 %	27 850	2 300
5. Quintil: die reichsten 20 %	54 700	5 300

Diese personelle Einkommensverteilung lässt sich grafisch mittels der sog. **Lorenzkurve** abbilden, die die Einkommensanteile der Einkommensbezieher kumuliert. Bei einer völlig gleichen Einkommensverteilung verfügen dann z. B. 10 % der Bezieher über 10 % des Einkommens, 50 % der Bezieher über 50 % des Einkommens. Es ergibt sich eine Gerade, von der die Kurve der tatsächlichen Einkommensverteilung abweicht. Vom Ausmaß des „Bauches" der Lorenzkurve kann man somit auf den Grad der Ungleichheit schließen.

Die Kurve erlaubt darüber hinaus, ein Verteilungsmaß zu benennen, den **Gini-Koeffizienten**. Er ergibt sich, wenn man die Fläche zwischen der Linie gleicher Verteilung (Diagonale) und der Lorenzkurve ins Verhältnis zur gesamten Fläche unter der Diagonale setzt. Je geringer die Ungleichverteilung ist (also die Lorenzkurve sich der Geraden nähert), desto kleiner ist der Gini-Koeffizient. Er geht gegen 0. Je größer die Ungleichverteilung, desto größer der Gini-Koeffizient. Er tendiert gegen 1. Gehörte das gesamte Einkommen nur einer Person, wäre sein Wert 1.

Lorenzkurve der Einkommensverteilung

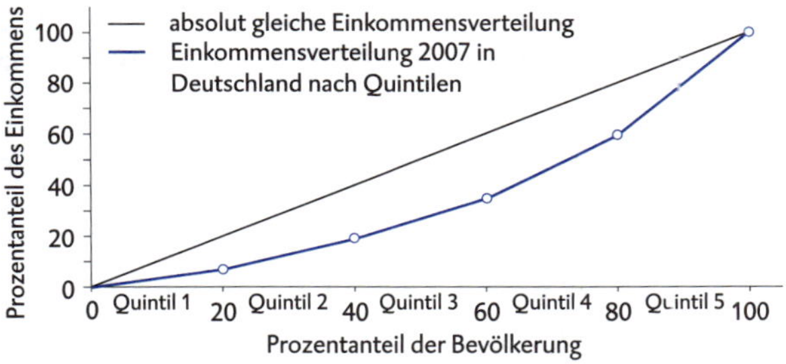

2.2 Tarifautonomie und Lohnpolitik

Tarifwesen und Mindestlohn

In demokratischen Staaten werden die Lohn- und Arbeitsbedingungen nicht durch den Staat festgelegt, sondern zwischen den Gewerkschaften als Arbeitnehmerorganisation einerseits und einem Arbeitgeber bzw. einer Vereinigung von Arbeitgebern andererseits ausgehandelt. Diese als **Tarifautonomie** bezeichnete Regelung ist im Art. 9 Abs. 3 des Grundgesetzes und im Tarifvertragsgesetz festgeschrieben. Man unterscheidet

- auf längere Laufzeit angelegte **Rahmentarifverträge**, in denen die Grundsätze der Entlohnung festgelegt sind,
- ebenfalls längerfristig angelegte **Manteltarifverträge**, die Vereinbarungen zu den Arbeitsbedingungen enthalten, und
- auf kürzere Laufzeit, häufig auf ein Jahr, angelegte **Lohn- und Gehaltstarifverträge**, in denen die Entlohnung der Arbeitnehmer geregelt ist.

Tarifverhandlungen sind in Deutschland in hohem Maß rechtlich festgelegt. Ehe es zum Streik kommt, auf den die Arbeitgeber ihrerseits mit Aussperrung reagieren dürfen, ist von beiden Seiten ein Schlichtungsverfahren einzuhalten, an dessen Ende Streik als letzte Möglichkeit (ultima ratio) stehen kann.

Effektivlohn und Tariflohn fallen in der Realität manchmal auseinander, da das sog. Günstigkeitsprinzip ein Abweichen vom Tarifvertrag nur zugunsten des Arbeitnehmers erlaubt. Manche Arbeitgeber kritisieren, dass eine unternehmensinterne Abweichung nach unten nicht gestattet ist, selbst wenn dies aus betrieblichen Gründen naheliegend sein kann.

Im Zuge der Flexibilisierung der Arbeitsmärkte hat die Debatte über Öffnungsklauseln bei Tarifverträgen an Bedeutung gewonnen. In die Kritik geraten ist unter anderem der **Flächentarifvertrag**. Bemängelt wurde, dass er ein starres Instrument aus der Zeit des Wirtschaftswunders sei, das den Besonderheiten des einzelnen Betriebes nicht genügend Rechnung trage. In diesem Zusammenhang sei darauf hingewiesen, dass in der letzten Zeit viele Flächentarifverträge in Bezug auf Flexibilität und Differenzierung reformiert wurden. Waren früher feste Wochenarbeitszeiten die Regel, gibt es heute in vielen Branchen Arbeitszeitkorridore sowie die Möglichkeit einer unregelmäßigen Verteilung der Wochenarbeitszeit. Damit können Betriebe flexibler auf Nachfrageschwankungen reagieren und Kosten für teure Überstunden einsparen. Immer mehr Branchen haben in den letzten Jahren sog. Entgelt-Öffnungsklauseln vereinbart. So können Betriebe in Ausnahmefällen von den Vorgaben des Flächentarifs abweichen und niedrigere Löhne bezahlen, wenn sie dadurch ihre Wettbewerbsfähigkeit verbessern und Arbeitsplätze sichern.

Um die Arbeitnehmer in Deutschland vor einer unangemessen niedrigen Entlohnung zu schützen, ist am 1. 1. 2015 das **Mindestlohngesetz** in Kraft getreten. Seither gilt ein flächendeckender gesetzlicher Mindestlohn von 8,50 € brutto je Arbeitsstunde.

Die Lohnpolitik der Gewerkschaften

Die Beteiligung der Arbeitnehmer am Wirtschaftswachstum ist angemessen, wenn der Lohnanstieg im Durchschnitt der Zunahme der gesamtwirtschaftlichen Produktivität entspricht. Diese gibt an, welche Menge an Gütern und Dienstleistungen in einer Volkswirtschaft durchschnittlich pro Arbeitsstunde bzw. pro Arbeitskraft hergestellt wird.

Steigen die Löhne im gleichen Ausmaß wie die Arbeitsproduktivität, handelt es sich um eine produktivitätsorientierte Lohnpolitik. An den **Lohnstückkosten**, d. h. dem Quotienten aus Arbeitskosten je Stunde und Arbeitsproduktivität, ändert sich folglich nichts. Von der Lohnkostenseite her besteht für das Unternehmen also kein Grund zur Preiserhöhung. Doch die Lohnkosten sind nicht die einzigen Bestimmungsgründe für die Verteilungsspielräume eines Unternehmens. Es kommt auch auf die Stabilisierung der gesamtwirtschaftlichen Stückkosten an, zu denen beispielsweise Zinsen, Abschreibungen, Veränderungen der Kapazitätsauslastungen und Steuern zählen.

Mitte der 60er-Jahre hat der Sachverständigenrat zur Begutachtung der gesamtwirtschaftlichen Entwicklung das **Konzept der kostenniveauneutralen Lohnpolitik** entwickelt. Danach dürfen die Löhne nur so stark steigen, dass das gesamtwirtschaftliche Kostenniveau konstant bleibt. Steigen die Kosten der Unternehmen durch höhere Zinsen, sollten die Lohnerhöhungen in diesem Maße hinter dem Anstieg der Produktivität zurückbleiben. Umgekehrt können Lohnerhöhungen aber auch über dem Produktivitätszuwachs liegen, wenn andere Kosten gesunken sind.

2.3 Vermögensverteilung

Das Vermögen in einer Volkswirtschaft wird aufgeteilt in

- **Realvermögen** (Sachvermögen);
- **Geldvermögen** (Finanzvermögen);
- **Arbeitsvermögen** (Humankapital).

Auffallend ist, dass das Vermögen deutlich ungleicher verteilt ist als das Einkommen. Die Ursachen sind:

- Die Sparfähigkeit einkommensstarker Haushalte ist überproportional groß. Ihre Konsumquote ist geringer als die ärmerer Haushalte.
- Eine relativ geringe Erbschaftssteuer führt im Zyklus der Generationen zu einer kumulativen Wirkung, wenn lange Friedensperioden die Vermögenswerte unbeschädigt lassen.
- Das Vermögen ist in der Regel der staatlichen Umverteilung entzogen. Umverteilung darf sich eigentlich nur auf Vermögenszuwächse erstrecken.

2012 besaßen Deutschlands Haushalte durchschnittlich ein Nettovermögen von 6,3 Bio €. Bei gleicher Verteilung wären das 83 000 € je Erwachsenen. Der Median der Vermögensverteilung, also jener Wert, der die reichere Hälfte der Bevölkerung von der ärmeren trennt, lag bei 17 000 €. Rund ein Viertel der Erwachsenen verfügten allerdings im selben Jahr über kein oder über ein negatives Vermögen. Wer hingegen zum reichsten Zehntel der Bevölkerung gehörte, verfügte über ein Nettovermögen von wenigstens 217 000 €.

Auffällig sind auch immer noch die Unterschiede zwischen West- und Ostdeutschland: Westdeutsche besitzen im Durchschnitt doppelt so viel Vermögen wie Ostdeutsche. In Westdeutschland veränderte sich das durchschnittliche Nettovermögen von 2002 bis 2012 nicht signifikant. Im Osten dagegen war zunächst ein Rückgang zu verzeichnen, der auf sinkende Marktwerte von privaten Immobilien und die höhere Arbeitslosigkeit zurückzuführen war. Von 2007 bis 2012 hat das Nettovermögen in Ostdeutschland allerdings deutlich zugenommen (Wertzuwachs bei den selbst genutzten Immobilien, Erholung auf dem ostdeutschen Arbeitsmarkt).

Eine neue OECD-Studie (2015) zeigt, dass die Vermögen in Deutschland sehr stark konzentriert sind. Die reichsten 10 % der Deutschen besitzen der Studie zufolge fast 60 % des gesamten Nettohaushaltsvermögens (OECD-Durchschnitt: 50 %). Die ärmsten 60 % kommen lediglich auf 6 % des gesamten Vermögens.

Diese Ungleichverteilung der Vermögen spiegelt auch der Gini-Koeffizient wider, der für die individuellen Vermögen in Deutschland im Jahr 2012 bei 0,780 lag. Im Vergleich zum Jahr 2002 hat sich die Ungleichverteilung der Vermögen kaum verändert. Ein alternatives Verteilungsmaß, das 90/50-Dezilverhältnis, welches die untere Vermögensgrenze der reichsten zehn Prozent der Bevölkerung auf die obere Vermögensgrenze der ärmsten 50 % bezieht, zeigt kleine Unterschiede. Diese Kennziffer gibt folglich das Vielfache des Vermögens reicher Personen im Verhältnis zum Median der Vermögensverteilung an. Im Jahr 2012 betrug dieser Wert 13,03. Im Jahr 2002 lag er bei 14,01.

Die **Lorenzkurve** der Vermögensverteilung weicht, wie zu erwarten, im Vergleich zu jener der Einkommensverteilung stärker von der Geraden ab.

Lorenzkurve der Vermögensverteilung

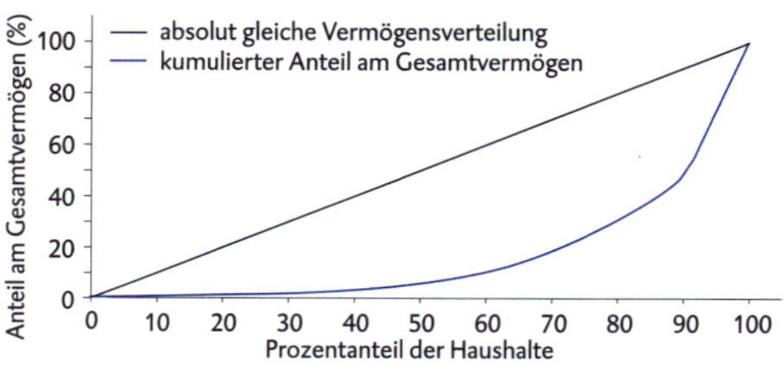

2.4 Vermögensumverteilung

Eingriffe in bestehende Eigentumsverhältnisse unterliegen in demokratischen Ländern strengen Restriktionen. Mögliche Instrumente der Umverteilung sind die **Vermögenssteuer** und die **Erbschaftssteuer**. Für erstere spricht, dass die Schere zwischen Arm und Reich weniger weit auseinanderklafft und dass darüber hinaus der Staat mit regelmäßigen Einnahmen rechnen kann, die wenig konjunkturanfällig sind. Dagegen spricht, dass ihre Erhebung mit großem bürokratischen Aufwand verbunden ist, die Gefahr der Kapitalflucht ins Ausland besteht, zudem jenes Vermögen einen Substanzverlust erleidet, das doch gerade die Quelle der Steuern sein soll. Vor allem der letzte Punkt hat das Bundesverfassungsgericht bewogen, die Vermögenssteuer ab 1997 in ihrer damaligen Form für verfassungswidrig zu erklären. Weniger systematische Bedenken lassen sich gegen eine moderate Erbschaftssteuer vorbringen, da mit einer Ausweichreaktion des Erblassers ins Ausland nicht mehr zu rechnen ist. Außerdem kann der Erbe keine eigenen Verdienste für das Entstehen des Vermögens in Anspruch nehmen.

Umverteilung der Vermögenszuwächse
Hier setzen die Überlegungen über eine mögliche Erhöhung der Faktoreinkommen von Arbeitnehmern durch **Investivlohn** und **Ertragsbeteiligung** an. Der Investivlohn ist der Teil des Lohnes, der den Arbeitnehmern nicht zur freien Verfügung steht, sondern in Form von Wertpapieren oder sonstigen Gutschriften für eine bestimmte Zeit gespart werden muss. Realistisch ist wohl die Annahme, dass die Unternehmen versuchen werden, einen Investivlohn, der über dem Produktivitätszuwachs liegt, auf die Preise abzuwälzen. Einen Investivlohn, der lediglich Lohnersatz darstellt, lehnen die Gewerkschaften ab.

Eine Ertrags- oder Gewinnbeteiligung bedeutet, dass Arbeitnehmer Kapital des Unternehmens, bei dem sie beschäftigt sind, erwerben können, beispielsweise in Form von Aktien oder Einzahlungen in einen Fonds. Eine Überwälzung auf die Preise ist unwahrscheinlicher, da hohe Beteiligungen nur bei hohen Gewinnen zustande kämen. Von Vorteil ist auch, dass die Kapitaldecke des Unternehmens nicht schrumpft, wenn die an die Arbeitnehmer übertragenen Gewinnanteile im Unternehmen verbleiben.

Verteilungsnormen in demokratischen Gesellschaften
Populär in der öffentlichen Debatte ist die Forderung nach Verteilungsgerechtigkeit, wobei hier nicht unterschieden werden soll zwischen Einkommens- und Vermögensverteilung. Die Diskussion erschwert, dass

häufig von unterschiedlichen Verteilungsnormen ausgegangen wird, denen jeweils verschiedene Gerechtigkeitsbegriffe zugrunde liegen.

- An erster Stelle steht der Begriff der **Leistungsgerechtigkeit**. An ihm wird oft kritisiert, dass es kein allgemein akzeptiertes Bemessungssystem gebe. Dem ist entgegenzuhalten, dass sich in einer Marktwirtschaft Leistung bemisst an der Befriedigung kaufkräftiger Nachfrage. Damit rechtfertigt sich das opulente Einkommen von Spitzensportlern und -künstlern, da in ihrer Person die Zahlungsbereitschaft von manchmal Millionen von Menschen kumuliert.
- Eine zweite Vorstellung ist die der **Bedürfnisgerechtigkeit**. Auf diesen Begriff berufen sich gern diejenigen, die der Meinung sind, soviel stehe einer einzelnen Person einfach nicht zu. Problematisch an einer solchen Kritik ist die Anmaßung, sich von außen ein Urteil über die Bedürfnisse Dritter zu erlauben. Realistischer ist die in der Volkswirtschaft vertretene Grundannahme, die menschliche Natur sei im Prinzip unersättlich.
- Nicht viel weiter hilft der Begriff der **Verteilungsgerechtigkeit**. Im öffentlichen Diskurs innerhalb der Gesellschaft muss sich ein gewisser Konsens herausbilden, in welchem Maße umverteilt werden darf. Das Instrument, das sich dann anbietet, ist die Progression des Steuertarifs. Lohnfestlegungen sind dafür weniger geeignet.
- Weniger bekannt, dafür aber umso wichtiger ist der Begriff der **Regelgerechtigkeit**. Er besagt, dass wie in einem Spiel die Regeln für alle gleich sein müssen. Dagegen wird aber zuweilen verstoßen, indem Versagen auf unteren Hierarchiestufen in Unternehmen mit Entlassungen geahndet, auf höheren Stufen mit Abfindungen vergoldet wird.

Grundsätzlich kann man festhalten: In Diskussionen über Fairness und Gerechtigkeit, die der Gefahr emotionaler Gleichmacherei entgehen wollen, sollten sich die Teilnehmer immer bewusst sein, von welchem Gerechtigkeitsbegriff sie gerade sprechen.

Geldpolitik

1 Geldfunktionen und -arten

Geld kommt von gelten. Seitdem die Geldordnung auf einem Papiergeldstandard beruht, müssen sich die Wirtschaftssubjekte in ihren Erwartungen auf eine Stabilität des Geldwertes verlassen können, die von vertrauenswürdigen Institutionen garantiert wird. Dann erst findet eine weit verbreitete Definition ihre Gültigkeit, dass Geld das ist, was als Geld akzeptiert ist. Der Autoritätsverlust der sowjetischen Regierung in den 1980er-Jahren hatte dazu geführt, dass die Moskauer Bürger Zigaretten, aber lieber noch den US-Dollar im Austausch gegen Waren vorzogen, obwohl die Regierung den Rubel nicht abgeschafft hatte.

Es besteht heute weitgehend Einvernehmen darüber, dass die Unabhängigkeit einer Notenbank vertrauensbildend ist und ihr auf den Märkten den Ruf eines Stabilitätswächters verleiht.

In einer Volkswirtschaft hat Geld drei Funktionen. Es ist

- **Tausch- oder Zahlungsmittel:** Während in einer Naturaltauschwirtschaft Güter gegen Güter getauscht werden, erfolgt der Tausch in einer Geldwirtschaft Güter gegen Geld und umgekehrt;
- **Recheneinheit:** Es ermöglicht die Bewertung aller auf dem Markt gehandelten Güter und Dienstleistungen, erleichtert die Übersicht und vereinfacht die Informationen;
- **Wertaufbewahrungsmittel:** Mit Geld können Menschen den Konsum aufsparen und so Voraussetzungen für Kreditgebung schaffen. Sie übertragen damit Kaufkraft von der Gegenwart in die Zukunft.

Im Alltag zahlen wir mit **Bargeld**, d. h. Münzen und Banknoten. Bezahlt wird darüber hinaus durch Umbuchen von Konto zu Konto **Buchgeld** bedeutet jederzeit (d. h. auf Sicht) abrufbare Sichtguthaben, auch Giroguthaben genannt. Geld stellen darüber hinaus jene Terminguthaben und Spareinlagen dar, die als Zahlungsmittel weniger geeignet sind, da sie nur zu festgelegten Terminen abrufbar sind.

In einer komplizierten Volkswirtschaft ist es nicht einfach, zwischen Aktiva, die Geld genannt werden, und jenen, die diese Bezeichnung nicht mehr tragen sollten, klar zu trennen. Zur Geldmenge gehören in jedem Fall noch Bankeinlagen, die schnell liquidierbar sind und nun zum Erwerb von Waren und Dienstleistungen verwendet werden können.

Das Eurosystem unterscheidet die drei **Geldmengenaggregate** M 1, M 2 und M 3:

- **M 1** ist dabei die Geldmenge, die sofort als Zahlungsmittel genutzt werden kann, d. h. Bargeld und täglich fällig werdende Einlagen, also Buchgeld.
- **M 2** ergibt sich, wenn man M 1 um Terminguthaben mit einer vereinbarten Kündigungsfrist von bis zu zwei Jahren und um Spareinlagen mit einer vereinbarten Kündigungsfrist von bis zu drei Monaten erweitert.
- Ergänzt man M 1 und M 2 noch um Geldmarktpapiere und Schuldverschreibungen mit einer Laufzeit von bis zu zwei Jahren, so erhält man **M 3**.

Geldmengen im Eurosystem, November 2014, in Euro

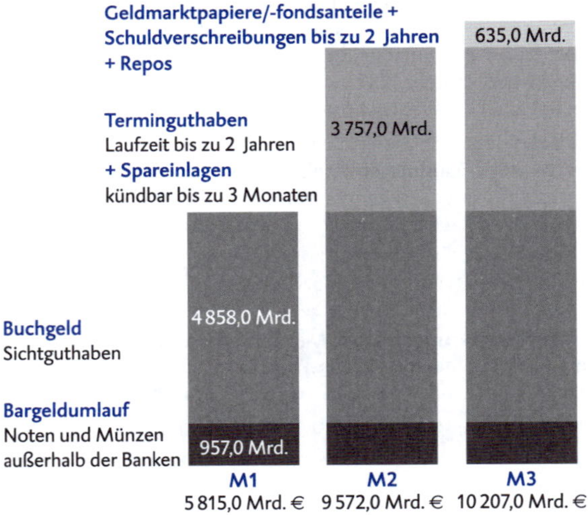

Der Bargeldumlauf außerhalb des Bankensystems hat sich von 1950 bis 2000 von 7,8 Mrd. DM auf 244,8 Mrd. DM erhöht, also ca. verzweiunddreißigfacht. Das Sozialprodukt ist im gleichen Zeitraum unter Berücksichtigung der Gebietsstandserweiterung 1990 um ca. das 38-Fache gestiegen. Die sog. Bargeldquote, d. h. der Bargeldumlauf bezogen auf das BIP, hat sich also über die gesamte Periode betrachtet etwas verringert.

2 Geldschöpfung in einem Bankensystem mit anteiligem Reservesatz

In einer fiktiven Volkswirtschaft, in der die Banken nur Einlagen der Kunden akzeptieren, aber keine Kredite vergeben, existieren Banken lediglich, um den Anlegern gegen eine Gebühr einen sicheren Ort zur Aufbewahrung ihres Geldes zu bieten. Die Einlagen werden also zu 100 % in Reserve gehalten. Jeder Euro, der bei den Banken angelegt wird, vermindert den Bargeldbestand um genau diesen Betrag und erhöht die Sichteinlagen der Banken um denselben Betrag. Das Bankensystem hat somit keinen Einfluss auf das Geldangebot.

In der Realität verwenden Banken jedoch einen Teil ihrer Einlagen zur Kreditvergabe, um Zinsen zu erzielen. Einen kleinen Teil der Einlagen müssen sie als Reserven zurückhalten, falls überraschend viele Anleger Geld abheben wollen. Dieser sogenannte **Mindestreservesatz** des Eurosystems beträgt 1 %.

Die Folgen sollen an einem Beispiel verdeutlicht werden, bei dem der Mindestreservesatz 10 % beträgt: Bank A erhält 100 € als Einlagen, von denen sie 10 € in Reserve hält und 90 € verleiht. Die Bilanz der Bank A sieht folgendermaßen aus:

	Aktiva		Passiva
Reserven	10	Einlagen	100
Kredite	90		

Betrug das Geldangebot in der Volkswirtschaft am Anfang 100 €, hat es sich durch die Kreditvergabe auf 190 € erhöht. In einem System mit anteiligem Reservesatz sind Geschäftsbanken also zur **Geldschöpfung** in der Lage. Ein Zuwachs an Vermögen hat hingegen nicht stattgefunden. Die Schuldner erhalten zusätzliches Bargeld, gehen damit aber die Verpflichtung zur Rückzahlung ein. Die Geldschöpfung macht die Volkswirtschaft zwar liquider, aber nicht reicher.

In der Realität ist der Geldschöpfungsprozess damit noch lange nicht am Ende. Nimmt man an, der Schuldner der Bank A bezahlt mit dem Kredit eine Rechnung seines Lieferanten und dieser zahlt die erhaltenen 90 € bei seiner Bank B ein, die derselben Mindestreservepflicht unterliegt, sieht deren Bilanz folgendermaßen aus:

	Aktiva		Passiva
Reserven	9	Einlagen	90
Kredite	81		

Bank B schöpft nunmehr weiteres Geld in Höhe von 81 €. Der Prozess setzt sich fort. In diesem Sinne kann man von einem **multiplen Geldschöpfungsprozess** sprechen. Theoretisch könnte er sich in dem Beispiel zwar unendlich oft wiederholen, aber nicht zu einem unendlich hohen Geldbetrag führen.

Setzte man die Reihe fort, ergibt sich folgendes Bild:

ursprüngliche Einlage	100,00 €	
Kredit Bank A	90,00 €	(= 0,9 · 100)
Kredit Bank B	81,00 €	(= 0,9 · 90)
Kredit Bank C	72,90 €	(= 0,9 · 81)
...	...	
gesamte Geldschöpfung	1 000,00 €	

Der Geldbetrag, den das Bankensystem aus jedem Euro der ursprünglichen Anlage schöpft, ist der **Geldschöpfungsmultiplikator**. In dem Beispiel hat er den Wert 10. Seine Höhe ergibt sich als der Kehrwert des Reservesatzes. In einfacher Form ausgedrückt stellt sich der Zusammenhang auch so dar: Je höher der Reservesatz ist, den das Bankensystem vorhalten muss, desto geringer fällt die gesamte Kreditsumme aus und im gleichen Maße sinkt der Geldschöpfungsmultiplikator. Wäre das Bankensystem zur 100 %-igen Reservehaltung verpflichtet, sänke der Multiplikator auf 1. Die Banken schöpften kein zusätzliches Geld.

Dennoch kann die Zentralbank das Geldangebot nicht vollständig bestimmen. Denn erstens kann sie nicht die Geldmenge kontrollieren, welche die Haushalte im Bankensystem als Einlagen halten und womit die Geschäftsbanken ihrerseits wieder Geld schöpfen könnten.

Zweitens ist es den Geschäftsbanken selbst überlassen, wie viel Reserven sie über die Mindestreserve hinaus, auch **Überschussreserve** genannt, bilden. Dazu könnten ihre Vertreter durch eine pessimistische Einschätzung der Wirtschaftslage geneigt sein.

Also hängt die Geldmenge auch vom Verhalten der Einleger und der Geschäftsbanken ab. Eine erfolgreiche Zentralbankstrategie ist auf gute Informationsbeschaffung über Verhaltensveränderungen der Geschäftsbankenkunden sowie das ökonomische Kalkül der Banken angewiesen.

3 Die Europäische Zentralbank

3.1 Der institutionelle Rahmen der einheitlichen Geldpolitik

Das **Europäische System der Zentralbanken** (ESZB) besteht aus der **Europäischen Zentralbank** (EZB) und den **nationalen Zentralbanken** (NZBen) aller EU-Mitglieder. Der Begriff **Eurosystem** umfasst die EZB und die NZBen der 19 EU-Staaten, die den Euro eingeführt haben.

Am 1.1.1999 übernahm die EZB mit Sitz in Frankfurt/Main die Verantwortung für die Geldpolitik im Euro-Währungsgebiet. Sie ist nach dem Vorbild der Deutschen Bundesbank konzipiert worden. Ihr vorrangiges Ziel ist die Sicherung der Preisstabilität. Ihre Unabhängigkeit ist dadurch gesichert, dass sie nicht an Weisungen von EU-Organen oder Staaten gebunden ist, in Wahl und Einsatz der geldpolitischen Instrumente frei ist und die Mitglieder des Direktoriums für die lange Amtsdauer von acht Jahren berufen werden.

Die Beschlussorgane der EZB sind das **EZB-Direktorium**, der **EZB-Rat** und der **erweiterte EZB-Rat**. Der EZB-Rat besteht aus den sechs Mitgliedern des Direktoriums und den Präsidenten der NZBen des Euro-Währungsgebiets. Er legt die Geldpolitik in diesem Gebiet fest und gibt Leitlinien und Weisungen an die nationalen Zentralbanken. Das EZB-Direktorium bilden der Präsident, der Vizepräsident und vier weitere Mitglieder, die einvernehmlich von den Regierungschefs der Länder des Euroraums ernannt werden. Das Direktorium führt die laufenden Geschäfte der EZB und bereitet die Sitzungen des EZB-Rats vor. Den erweiterten EZB-Rat bilden der Präsident und Vizepräsident der EZB sowie die Präsidenten der NZBen aller EU-Mitgliedsländer. Für geldpolitische Entscheidungen im Euro-Währungsraum trägt der erweiterte Rat keine Verantwortung. Hingegen wirkt er mit bei der verstärkten Koordinierung jener Mitgliedstaaten, die den Euro nicht eingeführt haben.

Mit dem Beitritt Litauens zur Eurozone wurde 2015 im EZB-Rat das Rotationsprinzip als neues Abstimmungsverfahren eingeführt. Die Notenbankpräsidenten werden nach Wirtschaftskraft und Größe ihres Finanzsektors eingeteilt. Die fünf größten Länder (Deutschland, Frankreich, Spanien, Italien und Niederlande) bilden die erste Gruppe mit vier Stimmrechten. Die Stimmen in der Gruppe rotieren monatlich. Jeden Monat hat einer der Präsidenten keine Stimme, behält aber sein Teilnahme- und Mitspracherecht. Auf die restlichen Notenbanken entfallen elf Stimmrechte, die ebenfalls rotieren. Die sechs Mitglieder des Direktoriums behalten ihr dauerhaftes Stimmrecht.

3.2 Das Euro-Währungsgebiet

Der Europäische Rat hatte 1988 den stufenweisen Aufbau der Wirtschafts- und Währungsunion beschlossen. Die erste Stufe begann am 1.7.1990. An diesem Tag wurden grundsätzlich alle Beschränkungen des Kapitalverkehrs zwischen den Mitgliedstaaten aufgehoben.

Die zweite Stufe setzte ein mit der Errichtung des Europäischen Währungsinstituts (EWI) am 1.1.1994, das die Vorarbeiten für die Errichtung des Europäischen Systems der Zentralbanken, die Durchführung einer einheitlichen Geldpolitik und die Schaffung einer einheitlichen Währung in der dritten Stufe leisten sollte.

Am 1.1.1999 startete mit der Einführung des Euro als Währung in zwölf der damals 15 EU-Ländern die dritte Stufe. Am 1.1.2002 erfolgte die Bargeldausgabe. Die zwölf Länder waren: Deutschland, Frankreich, Italien, Belgien, Niederlande, Luxemburg, Irland, Griechenland, Spanien, Portugal, Österreich und Finnland. Seitdem traten Slowenien, Malta, Zypern, die Slowakei, Estland, Lettland und Litauen dem Euro-Raum bei.

Für die Nichtmitgliedstaaten des Euro-Raums besteht die Möglichkeit zu einer Anbindung der Währung an den Euro. Eine Teilnahme am Europäischen **Wechselkursmechanismus II** (WKM II) ist in der Regel Bedingung für den späteren Beitritt zum Euro-Währungsgebiet. Der Euro ist Orientierung für den WKM II. Dänemark hat eine sehr enge Vereinbarung über eine Schwankungsbreite von +/–2,25 % zum Euro abgeschlossen und ist derzeit das einzige Land, dessen Währung gekoppelt ist.

Um an der dritten Stufe der Wirtschafts- und Währungsunion teilzunehmen und den Euro einführen zu dürfen, müssen die EU-Länder die **Konvergenzkriterien** erfüllen. Diese sind:

- Preisstabilität: Die Inflationsrate eines Mitgliedstaates darf nicht mehr als 1,5 Prozentpunkte über der Inflationsrate der drei Mitgliedstaaten mit der geringsten Inflation liegen.
- Gesunde öffentliche Finanzen: In der Regel darf das öffentliche Defizit 3 % des Bruttoinlandsprodukts nicht überschreiten.
- Öffentlicher Schuldenstand: Das Verhältnis des öffentlichen Schuldenstandes zum BIP darf am Ende des vorausgehenden Haushaltsjahres in der Regel 60 % nicht überschreiten.
- Teilnahme am WKM II in den letzten zwei Jahren: Der betreffende Mitgliedstaat muss in den letzten zwei Jahren ohne starke Schwankungen am WKM II des Europäischen Währungssystems teilgenommen haben.

- Langfristige Zinssätze: Der langfristige Nominalzinssatz eines Mitgliedstaates darf um nicht mehr als 2 % über dem entsprechenden Satz in den drei preisstabilsten Mitgliedstaaten liegen.

Auf Initiative des damaligen deutschen Finanzministers Theo Waigel wurde auf dem EG-Gipfel 1996 in Dublin im Stabilitäts- und Wachstumspakt das 3 %-Defizit-Kriterium auch über den Euro-Eintritt hinaus festgeschrieben, um die Haushaltsdisziplin unter den Teilnehmerstaaten des Euro zu garantieren.

Der Pakt ist umstritten. Seine Befürworter berufen sich auf die schlechten Erfahrungen in jenen Ländern, in denen jede Rezession nur zu einer weiteren Schuldenanhäufung geführt und eine expansive Finanzpolitik keinen Erfolg gehabt habe. Die Kritiker des Paktes führen hingegen an, dass in Krisenzeiten Konjunkturprogramme notwendig seien, der Stabilitätspakt jedoch wie ein enges Korsett den finanzpolitischen Spielraum des Staates unnötig einenge.

3.3 Die geldpolitische Strategie der EZB

Kernpunkt der geldpolitischen Strategie ist ein quantitatives Verständnis von Preisstabilität, die der EZB-Rat 2003 als einen Anstieg des Harmonisierten Verbraucherpresisindex (HVPI) unter, aber nahe der 2 %-Marke definierte. Der HVPI wurde infolge der Harmonisierung zu einem aussagefähigen Indikator für Kaufkraftverluste in der EU.

Die wichtigste Zielgröße, die Inflationsrate, kann von der Zentralbank nicht direkt kontrolliert werden. Nur mit zeitlicher Verzögerung (time lags) wirken geldpolitische Maßnahmen über Transmissionskanäle auf das Preisgefüge, über das Finanzsystem, die Finanzmärkte und die Realwirtschaft.

Geldpolitik bedeutet Handeln unter den Bedingungen von Unsicherheit. Nicht an der gegenwärtigen, sondern an der zu erwartenden Inflationsrate muss sie sich orientieren. In einer **mittelfristigen Ausrichtung**, die den Zeithorizont von ein bis zwei Jahren übersteigen kann, ist die EZB flexibel genug, um dosiert und angemessen auf bestimmte Arten von unvorhergesehenen wirtschaftlichen Störungen, sogenannte externe Schocks wie z. B. abrupte Ölpreiserhöhungen, die Auswirkungen auf das Preisniveau haben und die Preisstabilität gefährden könnten, reagieren zu können. Um möglichst viele Informationen zu erhalten, die für die Einschätzung der Risiken für die Preisstabilität von Bedeutung sind, stützt sich die EZB auf das sogenannte **Zwei-Säulen-Modell**.

In der ersten Säule, der **wirtschaftlichen Analyse**, erfolgt eine breit fundierte Beurteilung der Aussichten für die Preisentwicklung im Euro-

Raum als Grundlage der Strategie des Eurosystems mithilfe zahlreicher konjunktureller Indikatoren, denen eine Vorlaufeigenschaft für die zukünftige Preisentwicklung beigemessen wird. Dazu zählen u. a.:

- Abweichungen des realen BIP-Wachstums vom langfristigen Trend,
- angebotsseitige Indikatoren: Auslastung und Kosten der Produktionsfaktoren Arbeit und Kapital wie beispielsweise die Löhne, der Beschäftigungsgrad, die Entwicklung der Arbeitslosenzahlen, die Auftragslage, das Stimmungsbarometer von Unternehmen,
- nachfrageseitige Faktoren: Konsum, Stimmungsbarometer der Konsumenten, Entwicklung der Börsenindizes, fiskalpolitische Indikatoren, Preis- und Kostenindizes sowie Branchen- und Verbraucherumfragen,
- Inflationserwartungen in der Bevölkerung.

Aus all diesen Daten erarbeiten die Experten des Eurosystems **gesamtwirtschaftliche Projektionen**, welche die geldpolitischen Entscheidungsträger darüber informieren, was geschehen könnte, wenn die Leitzinsen unverändert blieben. Die Projektionen spielen eine wichtige, aber keine allumfassende Rolle für die Geldpolitik. Hinzu kommt die zweite Säule, die **monetäre Analyse**, bei der die Geldmenge als Schlüsselindikator eine herausragende Rolle spielt. Ihr liegt die weithin anerkannte Vorstellung zugrunde, dass Geldmengenwachstum und Inflation mittel- bis langfristig in einem engen Zusammenhang stehen.

Die stabilitätsorientierte geldpolitische Strategie der EZB

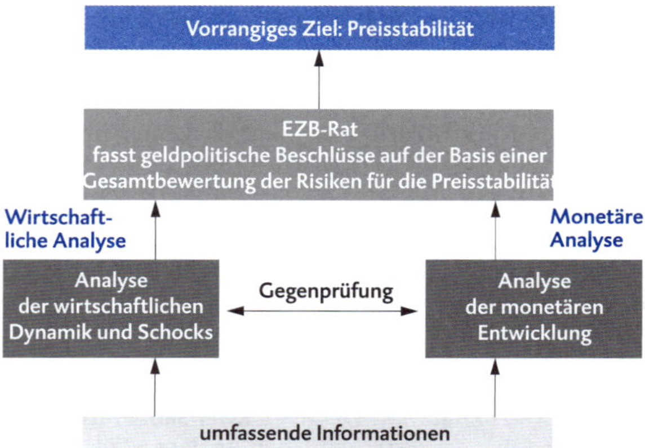

1998 hatte der EZB-Rat den Referenzwert für das weit gefasste Geldmengenaggregat M 3 auf 4,5 % festgelegt. Mit dem Ziel der Preisstabilität war diese Wachstumsrate in mittlerer Sicht als vereinbar angesehen worden.

Der Grundgedanke eines Referenzwertes für das Geldmengenwachstum geht davon aus, dass Geldmengenerhöhungen, welche den veränderten Bedarf an Geld in einer Volkswirtschaft (Wachstum des Bruttoinlandsproduktes und veränderte Präferenzen für die Geldhaltung) übersteigen, zu Inflation führen.

Angesichts der Verhaltensunsicherheit sowie der institutionellen und strukturellen Unsicherheiten betrachtet die EZB **Inflationsprognosen** als schwierige Aufgabe. Diese erfordern eine breit angelegte Beurteilung der Aussichten für die Preisentwicklung. Die geldpolitischen Beschlüsse der EZB zur Sicherung der Preisniveaustabilität auf mittlere Frist stützen sich auf Informationen, welche aus beiden Säulen gewonnen werden.

Da die Wirkung von Geldpolitik viel mit Vertrauen zu tun hat, verfolgt die EZB ein Konzept von Transparenz und Kommunikation mit der Öffentlichkeit, indem sie ihre Ziele und Beurteilungen der Märkte regelmäßig offenlegt. Wichtige Kommunikationskanäle sind die monatlichen Pressekonferenzen des Präsidenten sowie der Monatsbericht. Vier Mal im Jahr erscheint der Präsident vor dem Ausschuss für Wirtschaft und Währung des Europäischen Parlaments.

Monetaristen reklamieren den Erfolg der Zentralbank gerne als Beweis für die Richtigkeit ihres theoretischen Ansatzes. Zweifellos hat die Orientierung der Notenbankpräsidenten auf das Geldmengenziel viel zur Bekämpfung einer grassierenden Inflationsmentalität beigetragen. Doch in dem Maße, wie die Inflation sinkt, gewinnen andere Faktoren wieder an Bedeutung. Die Geldmenge M 3 kann auch aufgrund von Umschichtungen an den Finanzmärkten steigen oder fallen. Die alleinige Fixierung auf M 3 kann dazu führen, dass auf falsche Signale reagiert wird. In diesem Sinne forderten Monetaristen im Sommer 2003, als M 3 stark zunahm, dass die EZB den Leitzins erhöhen solle. Die EZB hat jedoch im Gegenteil den Leitzins weiter gesenkt, auf das niedrigste Niveau seit Jahrzehnten. Sie war zu der Überzeugung gekommen, dass M 3 teilweise durch Umschichtungen von Aktien und Anleihen in kurz laufende Anlageformen gestiegen war, eine Inflationsgefahr deshalb kaum bestünde.

3.4 Instrumente der Geldpolitik

Die Zentralbank besitzt das Monopol als Anbieter der monetären Basis. Indem sie die Bedingungen vorgibt, unter denen das Bankensystem Zentralbankgeld abgibt oder erhält, nimmt sie unmittelbaren Einfluss auf die Kreditvergabe und beeinflusst letztlich auch die Preisentwicklung. Die Zufuhr von Zentralbankgeld kann **mengen- und preismäßig gesteuert** werden. Im ersten Fall kommen **liquiditätspolitische** Instrumente zum Zug, im zweiten Fall **zinspolitische Instrumente**.

Dem Eurosystem stehen zwei Geschäftsarten zur Verfügung, **Offenmarktgeschäfte** und **ständige Fazilitäten**.

Offenmarktgeschäfte

Sie sind das bedeutendste Instrument. Gemeint ist damit der An- und Verkauf zentralbankfähiger Wertpapiere durch Zentralbanken in der Regel auf einem Markt mit Geschäftsbanken. Kauft die Zentralbank Wertpapiere auf und gibt dafür Zentralbankgeld her, erhöht sie die Bankenliquidität. Die Kreditinstitute refinanzieren sich.

Das bedeutendste Offenmarktgeschäft sind die **Hauptrefinanzierungsgeschäfte** (Laufzeit eine Woche). Da die Zentralbank die Wertpapiere befristet „in Pension“ nimmt, heißen sie auch **Wertpapierpensionsgeschäfte**. Im Eurosystem wird zwischen **Mengentendern** mit vorgegebenem und **Zinstendern** mit variablem Zinssatz unterschieden. Das Tenderverfahren ist ein Verfahren zur Zuteilung/zum Entzug von Geld gegen Wertpapiere. Seit 2000 wurden die Hauptrefinanzierungsgeschäfte als Zinstender mit einem Mindestbietungssatz nach amerikanischem Zuteilungsverfahren durchgeführt. Dabei wurden die Gebote mit den höchsten Zinssätzen zuerst zugeteilt, gefolgt von Geboten mit niedrigeren Zinssätzen. Die Zinsfindung überließ das Eurosystem dem Markt, mit dem Mindestbietungssatz gab es geldpolitische Signale.

Vor dem Hintergrund der Finanzkrise beschloss der EZB-Rat, ab dem 15. 10. 2008 bis auf Weiteres zum Mengentender zurückzukehren. Da viele Banken dringend Geld nachgefragt hatten, um die nötige Liquidität zu erhalten, was den Preis des Geldes, also den Zins, stark erhöht hätte, gab die Notenbank den Zinssatz vor. Für 3,75 % mit vollständiger Zuteilung konnten sich die Geschäftsbanken quasi unbegrenzt Geld von der Zentralbank leihen. Aktuell (10/2015) liegt der Zinssatz bei 0,05 %. Zusätzlich werden monatlich **längerfristige Refinanzierungsgeschäfte** mit einer im Normalfall dreimonatigen Laufzeit durchgeführt. Ziel ist es, die Geldversorgung zu verstetigen, ohne zinspolitische Signale zu senden. Dazu werden die Geschäfte als Zinstender mit vorgegebenen Zuteilungsvolumen ausgeschrieben und im Voraus bekannt gegeben.

Die dritte Form der Offenmarktgeschäfte sind **Feinsteuerungsoperationen**, mit denen die Liquiditätsausstattung der Banken präziser und flexibler gesteuert werden kann. Sie dienen vor allem dazu, die Auswirkungen von unerwarteten Liquiditätsschwankungen auf die Zinssätze auszugleichen. Es handelt sich dabei um unregelmäßig durchgeführte Offenmarktgeschäfte. So wurden beispielsweise 2001 zwei Operationen im Anschluss an die Terroranschläge vom 11. September durchgeführt. Die Feinsteuerungsoperationen sind befristete Transaktionen (Devisenswaps, Hereinnahme von Termineinlagen) im Schnelltenderverfahren, bilaterale Geschäfte oder definitive Käufe.

Die vierte Form sind **strukturelle Operationen**, die langfristig die Liquiditätsposition des Bankensystems gegenüber dem Eurosystem beeinflussen können. Dazu kann die EZB eigene Schuldverschreibungen herausgeben (emittieren), womit sich die Einlagen auf den Konten der Banken verringern, da die Kunden die Schuldverschreibungen erwerben und so Liquidität von den Geschäftsbanken zur Zentralbank abfließt.

Ständige Fazilitäten

Die zweite Instrumentengruppe sind die **ständigen Fazilitäten**. Bei den **Spitzenrefinanzierungsfazilitäten** können sich die Geschäftsbanken kurzfristig, über Nacht, bei der EZB gegen Sicherheiten wie z. B. Wertpapiere verschulden, um kurzfristige Liquiditätsengpässe zu überwinden. Der Anreiz für Banken ist gering, da die Zinsen über denen der Hauptrefinanzierungsgeschäfte liegen. Umgekehrt können die Kreditinstitute überschüssige Liquidität als **Einlagefazilität** über Nacht zu einem Zinssatz bei den nationalen Zentralbanken anlegen, der unter dem der Hauptrefinanzierungsgeschäfte liegt. Die Zinssätze für beide Fazilitäten bilden damit einen Zinskorridor, den der Tageszins nicht über- oder unterschreiten kann. In der Höhe der Spitzenrefinanzierung können die Banken sich quasi unbegrenzt refinanzieren, in der Höhe der Einlagefazilität nimmt das Eurosystem alle überschüssige Liquidität auf.

Mindestreservepolitik

Eine weitere Möglichkeit, Zinsausschläge am Geldmarkt zu dämpfen, stellt die **Mindestreserve** dar, welche die Kreditinstitute als Pflichteinlagen bei den NZBen unterhalten müssen. Das Mindestreservesoll der Kreditinstitute beträgt 1 % ihrer Bilanzverbindlichkeiten. Die Einführung war zunächst heftig umstritten, da befürchtet wurde, der Geldschöpfungsprozess werde eingeschränkt und es träten Wettbewerbsverzerrungen gegenüber Banken außerhalb des Euroraums ein.

4 Möglichkeiten und Grenzen der Geldpolitik

Den Hauptrefinanzierungsgeschäften und den ständigen Fazilitäten fällt die Rolle von **Leitzinsen** zu. Damit nimmt die EZB entscheidenden Einfluss auf die Zinsgestaltung der Geschäftsbanken, genauer gesagt auf die Zinsen, die die Banken den Kreditnehmern in Rechnung stellen, also den Haushalten und Unternehmen.

4.1 Expansive und restriktive Geldpolitik

Als die Keynesianische Vorstellung, in der Krise könne der Staat verstärkt als Nachfrager auftreten, um die angehäuften Schulden in der Hochkonjunktur zurückzubezahlen, angesichts stetig steigender Staatsschulden an Glaubwürdigkeit verloren hatte, schlug die Stunde der Monetaristen, für die in Zeiten schlechter Konjunktur Zinssenkungen als Erfolg versprechendes Mittel gelten. Die Zentralbank betreibt eine **expansive Geldpolitik**, macht die Refinanzierung der Geschäftsbanken billiger, womit diese ihren Kunden zinsgünstigere Kredite anbieten können. Die Nachfrage nach Konsum- und Investitionsgütern steigt.

Doch Zinspolitik hat eine besondere Eigenschaft. Ihre Wirkung erweist sich oft erst mit Verzögerungen von z. B. einem Jahr, was im Konjunkturablauf ein sehr langer Zeitraum ist. Ein weiteres Problem entsteht, wenn im Boom das Produktionspotenzial ausgeschöpft ist, die Nachfrage das Angebot übersteigt und die Preise auf breiter Front steigen. Die Inflation kann nur mit einer **restriktiven Geldpolitik** gebremst werden. Höhere Leitzinsen verteuern die Geldbeschaffung der Banken und damit die Kreditzinsen. Investitionen, die sich vorher noch gelohnt hatten, werden uninteressant. Mit den steigenden Zinsen wird Sparen attraktiver, der Konsum sinkt. Höhere Preise lassen sich auf dem Markt nicht mehr durchdrücken. Eine unangenehme Nebenwirkung kann die Erhöhung der Arbeitslosenquote sein.

Inflationsbekämpfung mit den Mitteln der Geldpolitik kann also zumindest mit Risiken behaftet sein. Damit wächst die Neigung von Politikern, vor Wahlen eine restriktive Geldpolitik aufzuweichen. Wo die Geldpolitik Sache der Zentralbank ist, gerät diese leicht ins Visier politischer Kritik. Ihre Unabhängigkeit wird dann gerne in Frage gestellt.

4.2 Diskretionäre oder regelgebundene Geldpolitik

Die Befürworter einer diskretionären flexiblen Geldpolitik der EZB argumentieren folgendermaßen:

Betrachtet man die Geldpolitik der EZB, fällt neben ihrer Unabhängigkeit von politischen Vorgaben eine gewisse Diskretion vertraulicher Beratungen auf, die auf den Beobachter manchmal willkürlich wirken mag. Neben der Orientierung auf einen Referenzwert für das Geldmengenwachstum wird auch die relevante realwirtschaftliche Entwicklung berücksichtigt. Man könnte also argumentieren, dass geldpolitische Experten über Handlungsspielräume verfügen müssen, um auf unerwartete Wirtschaftsentwicklungen flexibel reagieren zu können.

Die Loslösung der Zentralbank von den Begehrlichkeiten des politischen Betriebes ist eine richtige Konsequenz aus negativen historischen Erfahrungen gewesen, aus der Neigung von Staaten, das Ziel der Geldwertstabilität kurzfristig anderen Zielen unterzuordnen.

Die Tatsache, dass politische Akteure Erwartungen bei den Bürgern weckten, z. B. nach einer stabilen Geldpolitik, sich zu einem späteren, ihnen günstig erscheinenden Zeitpunkt jedoch anders verhielten, wird in der Ökonomie als Problem der **Zeitinkonsistenz** bezeichnet.

Aber auch die Unabhängigkeit der Zentralbank ist keine Garantie. Vertreter einer regelgebundenen Geldpolitik sehen mit Misstrauen auf die Eigeninteressen der Institution der Zentralbank und auf die begrenzten Fähigkeiten und Kenntnisse ihrer Experten. Sie plädieren für ein striktes Regelsystem, das weder Regierung noch Zentralbank außer Kraft setzen können.

Denkbar wäre beispielsweise, die Geldmengensteigerung grundsätzlich auf 3 % festzulegen in der Überzeugung, dass dies langfristig auch der BIP-Wachstumsrate entspricht.

Der Vorteil des Denkansatzes liegt auf der Hand: Er verhindert Machtmissbrauch und Zeitinkonsistenz der Geldpolitik.

Aber auch der Nachteil einer strikten Regelfestsetzung ist nicht zu übersehen: In der Fachwissenschaft ist strittig, wie ein solches Regelsystem, dazu noch in konkreten Zahlen ausgedrückt, aussehen sollte. Ihm fehle die notwendige Flexibilität.

So bleibt nur, auf die Verantwortlichkeit der Führung zu bauen. Anreizkompatible Bedingungen, die diesen Personenkreis an das Ziel der Geldwertstabilität binden könnten, sind beispielsweise die Höhe seiner Gehälter, die Amtsdauer und die Entstehung eines hohen öffentlichen Ansehens der Funktionsträger.

4.3 Einheitliche Geldpolitik in einer uneinheitlichen Welt

Mit der EU-Erweiterung und der Ausdehnung des Euro-Raums steigt für die EZB die Schwierigkeit, eine einheitliche Geldpolitik in souveränen Einzelstaaten mit unterschiedlichen Politikkonzepten durchzusetzen. Bei Problemen mit Wachstum und Beschäftigung können die Staaten nicht mehr mit einem Wechselkurssystem und einer spezifischen Geldpolitik darauf reagieren. Welche Probleme diese fehlende Flexibilität verursachen kann, zeigt sich unter anderem in Griechenland und der immer wieder auftretenden Frage eines „**Grexits**" (Austritt Griechenlands).

Weitere Probleme könnten sein:

- Staaten, deren Bevölkerung aufgrund einer erlebten Hyperinflation der Geldwertstabilität den höchsten Rang einräumt, stehen mit ihrer Position einer weitgehend autonomen Zentralbank jenen gegenüber, die der Vollbeschäftigung größere Bedeutung beimessen.
- Die Auswirkungen von EZB-Zinsentscheidungen zeigen sich in unterschiedlichem Maße in der Eurozone. Zinsänderungen wirken schnell in Ländern wie den Niederlanden und Großbritannien, wo variable Zinsen die Regel sind. In Deutschland, wo Kredite zumeist mit längerer Laufzeit vergeben sind, tritt die Wirkung erst verspätet ein.

Auch die beherrschende **Monopolstellung der Zentralbank** gerät immer mehr **in Gefahr**. Gründe dafür sind:

- Die Finanzinnovationen führen zu einem geringeren Bargeldbedarf aufgrund des erhöhten Anteils von bargeldlosen Zahlungen, beginnend mit den Lohnzahlungen. Die veränderten Zahlungsgewohnheiten sind auch auf den geringeren Zeitaufwand für die Beschaffung, Übergabe und Rückwandlung von Zahlungsmitteln zurückzuführen.
- An die Stelle der Banken treten im Kreditbereich häufig Pensionskassen, Versicherungen und Investmentfonds. Diese arbeiten bei der Kreditvergabe sehr effizient und sind nicht auf Zentralbankliquidität angewiesen. Ähnlich ist es mit Konsumentenkrediten, die von den Unternehmen zunehmend selbst verliehen werden.
- Weitere Elemente sind die sinkende Zahl von Währungen, sich international öffnende Geldmärkte und die zunehmende internationale Währungsintegration im Rahmen der Globalisierung. Finanzinnovationen wie Optionen und Terminkontrakte können die Steuerung des Geldangebotes unterlaufen, da sie zu einem erhöhten Geldschöpfungspotenzial führen. Indem Geschäftsbanken, Unternehmen und Haushalte die eigene Währung durch eine fremde ersetzen, wird die Wirksamkeit der Zentralbanken im Inland geschmälert.

Wachstums- und Strukturpolitik

Der Lebensstandard der Menschen variiert sehr stark in Abhängigkeit von dem Land, in dem sie wohnen. Er hängt u. a. davon ab, wie lange und in welcher Höhe das Wirtschaftswachstum in der jeweiligen Region schon andauert. Er ist auch davon abhängig, ob und wie schnell sich die Wirtschaftsstruktur im lokalen Rahmen verändern konnte.

1 Wachstumspolitik

1.1 Wirtschaftswachstum

Wirtschaften bedeutet, mit knappen Ressourcen ein möglichst großes Güterangebot zu schaffen und es möglichst gerecht zu verteilen. Wirtschaftswachstum erlaubt es, das Produktionspotenzial einer Volkswirtschaft zu erweitern, sodass mit mehr Waren und Dienstleistungen mehr Bedürfnisse befriedigt werden können. Die Begriffe Wachstum und Konjunktur werden oft verwechselt. Wachstum ist der Zuwachs des **Produktionspotenzials**. Der Konjunkturverlauf gibt Auskunft über den Auslastungsgrad des Produktionspotenzials. Ein sinkender Auslastungsgrad ist Indiz für eine Rezession, ein steigender Auslastungsgrad Merkmal für wirtschaftlichen Aufschwung. Langfristig entspricht die tatsächliche Produktion dem Produktionspotenzial. Deshalb kann man die Zunahme des Inlandsprodukts als Messgröße des Wachstums ansehen. Unter Verwendung dieser Messgröße unterscheidet man

- das **nominelle Wachstum:** die Zunahme des Inlandsprodukts zu laufenden Preisen;
- das **reale Wachstum:** die Zunahme des Inlandsprodukts zu konstanten Preisen eines Basisjahres;
- **Nullwachstum:** ein unverändertes reales Inlandsprodukt.

Sinnvoll ist auch die Berechnung des Inlandsprodukts pro Kopf der Bevölkerung. Dabei könnte festgestellt werden

- ein **intensives Wachstum**, erkennbar an der Zunahme des Inlandsprodukts pro Kopf, und
- ein **extensives Wachstum**, erkennbar an der Steigerung des Inlandsprodukts ohne Zunahme des Inlandsprodukts pro Kopf.

Grund für die Zunahme des BIP/Kopf ist die wachsende Arbeitsproduktivität. Der Begriff **Produktivität** bezieht sich auf die Menge an Waren und Dienstleistungen, die eine Person pro Arbeitsstunde herstellt.

Die Betrachtung der Wirtschaftsgeschichte zeigt, dass von einem starken Wirtschaftswachstum erst seit dem 19. Jahrhundert die Rede sein kann. Ähnlich verhält es sich mit der Bevölkerungsentwicklung.

In Deutschland hat sich seit 1850 das reale BIP vervielfacht und ist jährlich im Schnitt um über 2,0 % gewachsen. In diesem Zeitraum hat sich die Bevölkerung von 34 auf 81 Mio. vergrößert. Das reale Pro-Kopf-BIP hat sich ebenfalls vervielfacht und ist durchschnittlich um 1,7 % pro Jahr gestiegen. Relativ geringe Wachstumsraten haben langfristig hohe Auswirkungen: Ein Wachstum des Pro-Kopf-BIP von 2 % führt zu einer Verdoppelung des Lebensstandards in ca. 36 Jahren.

BIP und potenzielles BIP (= Produktionspotenzial)

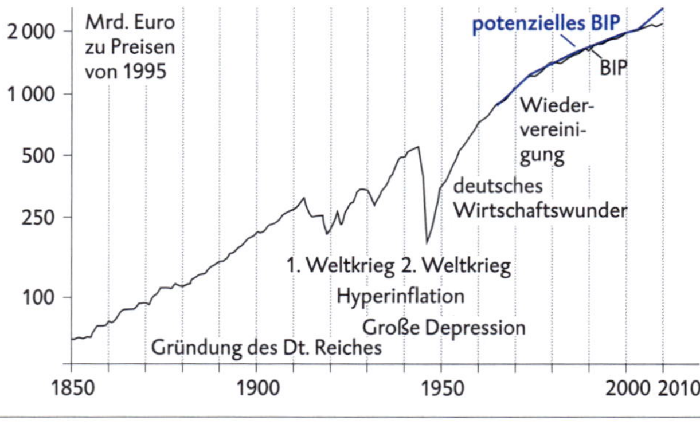

1.2 Bestimmungsfaktoren des Wachstums

Folgende vier Faktoren spielen eine Rolle für das Wirtschaftswachstum:

Natürliche Ressourcen

Dies sind von der Natur bereitgestellte Inputs wie Boden, Bodenschätze und geografische Lage. Sie leisten in den modernen Industriestaaten nicht mehr den entscheidenden Beitrag zum Wachstum. Zwar sind Länder wegen ihres Ölvorkommens zu großem Reichtum gekommen. Ob dieser auch nach dem Versiegen der Quellen noch nachhaltig wirksam sein wird, mag man eher bezweifeln, wenn nicht in der kurzen Phase der Prosperität andere Wachstumsfaktoren entwickelt worden sind.

Realkapital
Man bezeichnet damit den Kapitalstock bzw. das Anlagevermögen einer Gesellschaft. Es umfasst alle produzierten Vermögensgüter, die länger als ein Jahr wiederholt oder dauerhaft in der Produktion eingesetzt werden. Dabei kann es sich z. B. um Gebäude, Fahrzeuge, Maschinen, sonstige Ausrüstungen sowie immaterielle Anlagen wie Software handeln. 2014 betrug das Bruttoanlagevermögen zu Wiederbeschaffungspreisen 16,8 Bio. €. Der Kapitalstock war 5,8-mal so groß wie das BIP. In Deutschland wurde also im Schnitt Kapital im Wert von 5,8 € eingesetzt, um Güter im Wert von 1 € herzustellen. 1960 hatte das Verhältnis 3,5 : 1 betragen. Es wirkt das **Gesetz vom abnehmenden Ertragszuwachs:** Wird der Einsatz eines Produktionsfaktors bei Konstanz der Menge der übrigen Faktoren kontinuierlich erhöht, so nimmt von einem bestimmten Punkt an der Ertragszuwachs ab, wird vielleicht sogar negativ. So ist in der Realität der Entwicklung der volkswirtschaftlichen Gesamtrechnung der Bundesrepublik seit 1991 ein stärkeres BIP-Wachstum gegenüber dem Kapitalstock die seltene Ausnahme gewesen.

Bei konstanter Bevölkerung und konstantem Einsatz natürlicher Ressourcen führte das Gesetz zu abnehmenden Grenzerträgen des Faktors Kapital und schließlich in einen stationären Zustand der Gesellschaft **(Solow-Modell)**. Die Ursache ist, dass jährlich ein konstanter Anteil des Kapitalstocks verschleißt, die Abschreibung also proportional zum Kapitalstock zunimmt. Die Kurve steigt linear. Mit wachsendem Kapitalstock pro Erwerbstätigem, d. h. mit zunehmender **Kapitalintensität**, steigt der Output immer weniger. Das Kapital ist durch sinkende Skalenerträge gekennzeichnet. Ist der Kapitalstock sehr groß, führt eine zusätzliche Kapitaleinheit nur noch zu einem geringen Produktionsanstieg. Das Phänomen, dass Volkswirtschaften mit einem geringen Pro-Kopf-Kapitalstock mit jeder zusätzlichen Kapitaleinheit einen sehr hohen Produktionsanstieg verzeichnen können, trifft auf arme Länder zu, die den Wachstumspfad betreten haben. Es kommt zum sog. **Catch-up-Effekt**. Für ein Wirtschaftswachstum über den langen Zeitraum seit Mitte des 19. Jahrhunderts sind also andere Faktoren ausschlaggebend.

Technischer Fortschritt
Der technische Fortschritt drückt sich aus als

- **Produktinnovation:** Neue oder bessere Produkte kommen auf den Markt, z. B. PC, Autos mit ESP. Sie dienen der Steigerung der materiellen Wohlfahrt. Mengenmäßig sind die Vorteile nicht erfassbar;

- **Prozessinnovation:** Bei gleichbleibendem Einsatz der übrigen Produktionsfaktoren ist eine größere Gütermenge zu erstellen. Beispiele sind computergesteuerte Industrieroboter und in der Frühzeit des Kapitalismus die Einführung der Fließbandproduktion durch Henry Ford. Die Vorteile sind prinzipiell leicht erfassbar.

Auch wenn neues Wissen häufig durch Patente geschützt wird, breiten sich die meisten Ideen und Grundlagenkenntnisse aus, womit bald die gesamte Volkswirtschaft davon profitiert. Es findet eine unentgeltliche Nutzenstiftung statt. Dies wirkt auch in die Zukunft. Durch die Arbeit heutiger Forschergenerationen wird das Know-how morgiger Forscher erhöht. Es liegen also auch intertemporale positive externe Effekte vor.

Der technische Fortschritt wirkt nicht in abstrakter Form. Er wird erst wirksam, wenn er sich in der Qualität der Arbeitsleistung manifestiert, als Verbesserung des Humankapitals.

Humankapital
Es stellt das Wissen und die Fähigkeiten dar, also Qualitätsmerkmale, die Arbeitskräfte durch Ausbildung und Berufserfahrung erwerben. Wie Realkapital ist Humankapital als Faktor Arbeit ein produzierter Produktionsfaktor. Notwendig sind Inputs in Form von Schulen, Lehrern, Bibliotheken, Lernzeit etc. Humankapital und technisches Wissen sind eng miteinander verknüpft, aber nicht identisch. Technisches Wissen ist die Eigenschaft einer Gesellschaft, ihr Wissen, wie die Welt funktioniert. Humankapital ist das Ergebnis eines individuellen Aneignungsprozesses, bei dem die Mitglieder einer Gesellschaft dieses Wissen erwerben. Gesellschaften, denen diese Wissensvermittlung in großem Maßstab gelingt, wachsen unaufhaltsam mit recht gleichbleibenden Zuwachsraten.

1.3 Aspekte staatlicher Wachstumspolitik

Volkswirte sind sich weitgehend einig darüber, dass folgende Maßnahmen nötig sind, um in einer Marktwirtschaft das Wachstum zu fördern:

- **Garantie freier Märkte:** Wettbewerbspolitik setzt den Abbau von Marktzutrittsschranken voraus. Unternehmen werden einer Konkurrenz ausgesetzt, die Prozess- und Produktinnovation beflügelt;
- **Sichere Rechtsordnung:** Zentral ist eine Rechtsordnung, die den Wettbewerb garantiert, Kartelle verhindert sowie die Eigentums- und Nutzungsrechte sichert;
- **Forschungspolitik:** Generell wird die Notwendigkeit staatlich unterstützter Grundlagenforschung anerkannt. Es besteht ein öffentliches Interesse, die private Forschung zu fördern. Problematisch wird es,

wenn Forschungs- und Entwicklungsinvestitionen so ansteigen, dass Unternehmen nicht mehr bereit sind, die Risiken allein zu tragen;

- **Infrastrukturmaßnahmen:** Bildung, Gesundheitswesen und das öffentliche Verkehrswegenetz gelten als meritorische Güter, d. h. als Güter, auf die alle ein Anrecht haben, die in der Regel nicht im privatwirtschaftlichen Wettbewerb hergestellt und verteilt werden sollen. Sie werden als zukunftsweisende Investitionen angesehen, die ein auf kurzfristige Gewinne hin orientiertes privatwirtschaftliches Rentabilitätskalkül nicht zu leisten bereit wäre;
- **Sozialpolitik:** Eine gleichmäßigere Sekundärverteilung der Einkommen soll die Chancengleichheit erhöhen, den sozialen Frieden garantieren und politische Stabilität schaffen;
- **Umweltpolitik:** Eine Marktwirtschaft, die nur ihrer eigenen Wettbewerbslogik folgt, zerstört die eigenen ökologischen Grundlagen. Der Staat muss Rahmenbedingungen für nachhaltiges Wachstum schaffen. Den Bedürfnissen heutiger Generationen muss entsprochen werden, ohne die Möglichkeiten künftiger Generationen zu gefährden.

1.4 Kritik am Wachstumsbegriff

Seit Dennis Meadows 1972 im Auftrag des Club of Rome das Buch *Die Grenzen des Wachstums* veröffentlichte, vertreten viele Menschen die Ansicht, dass die endlichen natürlichen Ressourcen ein fortwährendes ökonomisches Wachstum auf der Angebotsseite verhindern.

Zahlreiche Volkswirte sind aber der Meinung, dass der technologische Fortschritt solche Grenzen umgehen kann. Ressourcen werden immer sparsamer verwendet oder recycelt und durch quasi unbegrenzt vorhandene oder nachwachsende Rohstoffe ersetzt. Grenzenloses Vertrauen setzen Ökonomen in das Preissystem, das die Ressourcenknappheit widerspiegle und so die Suche nach Alternativen fördere.

Die auf die Nachfrageseite zielende Kritik macht sich vor allem fest an:

- einem Verständnis des BIP als Wohlstandsindikator, das sich nur an der materiellen Seite des Lebens festmache und wirkliches Glück mit Konsum verwechsle;
- der wachsenden Arbeitsteilung, die zu einem sich ständig verschärfenden System von Leistungsanreiz, Kontrolle und Evaluation führe;
- einer Dynamik zunehmender Auflösungen gesellschaftlicher Milieus, in denen eine wachsende Gruppierung den intellektuellen Herausforderungen einer Wissensgesellschaft immer weniger gewachsen sei und den Sozialsystemen überantwortet werde.

2 Strukturwandel als Begleiterscheinung des Wachstums

2.1 Die Drei-Sektoren-Hypothese

Seit der industriellen Revolution fällt auf, dass der Beitrag der einzelnen Wirtschaftssektoren Landwirtschaft, Industrie und Dienstleistungen zum BIP einer ständigen Veränderung unterliegt. In offenen Gesellschaften, die sich dem internationalen Wettbewerb in hohem Maße stellen, vollzieht sich dieser Strukturwandel besonders schnell.

Entwicklungskurven der Erwerbstätigenstruktur

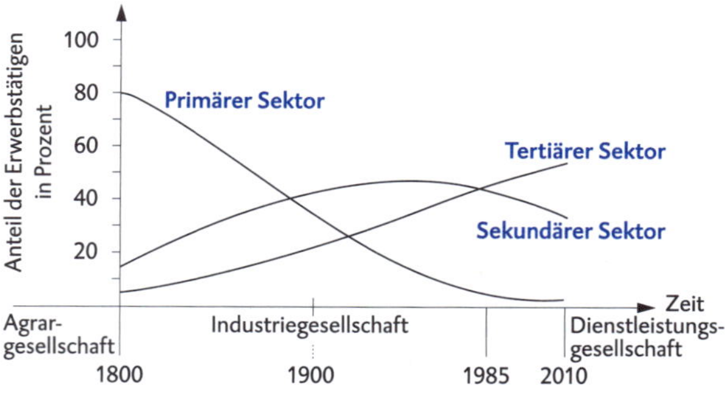

Der Entwicklungsprozess ist durch typische Strukturmuster gekennzeichnet, die in vielen Ländern zu beobachten sind. Er lässt sich mit der **Drei-Sektoren-Hypothese** charakterisieren, die besagt, dass im langfristigen Wachstumsprozess von offenen Marktwirtschaften in einer ersten Phase die Industrie, der **sekundäre Sektor**, die Landwirtschaft, den **primären Sektor**, zurückdrängt. In einer zweiten Phase schrumpft der sekundäre Sektor zugunsten des **tertiären Sektors**, des Dienstleistungsbereichs. Diese Veränderungen sind am Anteil der Sektoren am BIP und der Erwerbstätigen in den einzelnen Sektoren abzulesen.

Zwischen der relativen Bedeutung der einzelnen Sektoren und dem Pro-Kopf-Einkommen besteht ein enger Zusammenhang. In unterentwickelten Volkswirtschaften mit niedrigem Pro-Kopf-Einkommen dominiert der primäre Sektor. Dies gilt in historischer Dimension für die europäischen Gesellschaften der vorindustriellen Epoche. Es gilt ebenfalls für die unterentwickelten Länder der Gegenwart.

Konzentriert sich der sektorale Strukturwandel auf bestimmte Regionen, wie z. B. auf das Ruhrgebiet, wo Bergbau und Eisenindustrie ihre beherrschende Rolle verloren haben, spricht man von **regionalem Strukturwandel**. Im besten Fall gelingt es, durch Modernisierung alternative Beschäftigungsmöglichkeiten im Dienstleistungsbereich **(Tertiarisierung)** zu schaffen. Andernfalls wird ein großer Teil der Bevölkerung, vor allem junge Menschen, in andere Regionen ziehen.

Die Drei-Sektoren-Hypothese ist ein Modell. Die Grenze zwischen dem sekundären und tertiären Sektor verschwimmt zusehends: So kann z. B. ein Maschinenhersteller 1/3 der Belegschaft in der Produktion und 2/3 im Vertrieb beschäftigen.

Im Industriesektor findet ein Prozess der **Deindustrialisierung** statt, eine Umlagerung, nicht notgedrungen ein Abbau von Arbeitsplätzen. Der Industriesektor ist nicht einfach der altmodische Teil der Wirtschaft. Von der Effizienz der Prozesse, den Qualitätskontrollen und Standardisierungen können Banken und Versicherungen als Vertreter des Dienstleistungssektors viel lernen. Es findet im Gegenzug also auch eine Art Industrialisierung des tertiären Sektors statt.

Zuordnung der Sektoren

	Primärer Sektor	Sekundärer Sektor	Tertiärer Sektor
Produktionsstufe	Ur- und Grundstoff-produktion	Verarbeitende Produktion	Warenverteilende Produktion, Dienste
dominierender Produktionsfaktor	boden-intensive Produktion	kapital-intensive Produktion	arbeits-intensive Produktion
Grad des technischen Fortschritts	mittelmäßiger Fortschritt	hoher Fortschritt	geringer Fortschritt
Existenzdauer der produzierten Güter	kurzlebige Konsumgüter	mittellebige Gebrauchsgüter	langlebige Investitionsgüter
Güterart und Nachfrage-elastizität	lebensnotwendige Güter, keine Elastizität	lebens-verbessernde Güter, geringe Elastizität	Luxusgüter mit elastischer Nachfrage

2.2 Ursachen des Strukturwandels

Die Ursachen können sich aus dem Wirtschaftsgeschehen heraus entwickeln, also endogen bedingt sein; sie können aber auch außerhalb des Wirtschaftsgeschehens begründet, also exogen bedingt sein.

Endogene Ursachen

- **nachfragebedingter Strukturwandel:** Nachfrageverschiebungen resultieren in der Regel daraus, dass bei steigenden Realeinkommen die Ausgaben für lebensnotwendige Waren relativ gesehen abnehmen, dafür Modetrends und auf Geschmacksentwicklung basierende Nachfragepräferenzen, z. B. im ästhetischen Bereich, zunehmen;
- **angebotsbedingter Strukturwandel:** Durch Produktvariation und Sortimentsausweitung versuchen Unternehmen, sich im Konkurrenzkampf zu behaupten. Durch die Hinwendung zahlreicher Kunden zu Markenartikeln gelingt es Unternehmen, eine Veränderung des Ausgabenverhaltens herbeizuführen;
- **technologisch bedingter Strukturwandel:** Technisch verbesserte Herstellungsverfahren, kostengünstige Substitutionsprodukte oder die Erfindung neuer Produkte können Nachfrage und Angebot verändern, zum Wegfall/zur Entstehung neuer Berufszweige führen und Menschen dazu motivieren, in andere Regionen umzuziehen.

Exogene Ursachen

- **ordnungspolitisch bedingter Strukturwandel:** Indem ordnungspolitische Maßnahmen wie beispielsweise Kartellverbote den Wettbewerb stärken, tragen sie zum forcierten Strukturwandel bei;
- **regulierungsbedingter Strukturwandel:** Wettbewerbshemmende Entscheidungen der Politik können zum Abwärtstrend innerhalb eines Sektors führen. Sein Anteil an der Erstellung des BIP nimmt ab;
- **strukturprozessbedingter Strukturwandel:** Strukturpolitische Maßnahmen des Staates, wie eine gezielte Forschungs- und Technologiepolitik, können wachstumsfördernd wirken;
- **naturbedingter Strukturwandel:** Dazu gehören das Auffinden oder Versiegen von Rohstoffquellen, was zu Verschiebungen der Gewichte der einzelnen Sektoren führen kann;
- **ideenbedingter Strukturwandel:** Zu Strukturumbrüchen führten in Westeuropa die Ideen der Aufklärung, die zur Grundlage des individualistischen Prinzips des politischen und ökonomischen Liberalismus wurden. Ebenso dramatisch hat sich die kollektivistische Sichtweise des Marxismus jeglicher Prägung ausgewirkt, jedoch in umgekehrter, das Wachstum immer stärker behindernder Form.

2.3 Wachstumsspezifika des Informations- und Kommunikationssektors

Wenn man die Erwerbstätigen, die mit Informationsbeschaffung und -verarbeitung zu tun haben, aus den drei Sektoren ausgliedert und einem eigenen vierten Sektor zuordnet, entsteht ein Informations- und Kommunikationssektor, der schon mehrere Jahrzehnte die höchsten Zuwachsraten zu verzeichnen hat. Deshalb ist es sinnvoll, das Drei-Sektoren-Modell zu einem **Vier-Sektoren-Modell** zu erweitern.

Ein typisches Merkmal der Informationsgesellschaften ist die Existenz von Netzwerkstrukturen. Mithilfe der effizienten Nutzung des Wissens und der Koordination der Kommunikationsprozesse können höhere Effizienzgewinne erzielt werden als mit traditionellen Produktionsmethoden, die auf Material- und Energieverbrauch beruhen.

Eine Besonderheit von **Netzwerkökonomien** fällt dabei auf: Es ist das Auftreten steigender Skalenerträge mit zunehmender Netzgröße. Waren sinkende Skalenerträge die notwendige Begleiterscheinung eines anwachsenden Kapitalstocks in traditionellen Industrien, führt jeder weitere Netzzugang zu einem wachsenden Grenznutzen. Positive Netzwerkexternalitäten heben das Gesetz des sinkenden Grenznutzens auf. Zum Beispiel steigt die Effizienz von eBay überproportional mit jedem Teilnehmer. Aufgrund der hohen technischen Dynamik kann dies schnell zur Monopolbildung führen.

Entwicklung der Beschäftigung in Deutschland

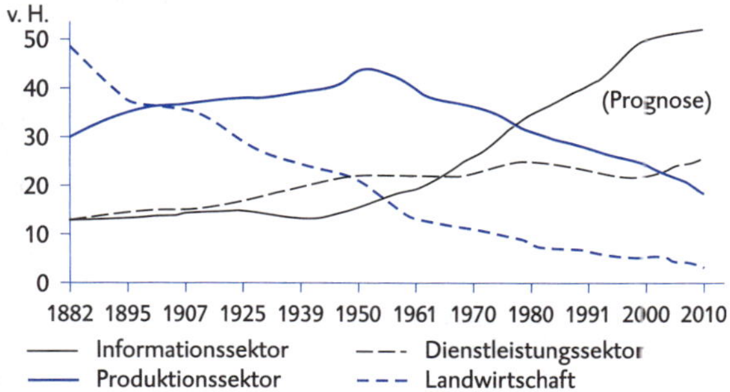

3 Strukturpolitik

3.1 Ziele der Strukturpolitik

Strukturpolitik bedeutet die zielgerichtete politische Lenkung ökonomischer Aktivitäten. Geht es um die Lenkung von Aktivitäten in räumlicher Dimension, handelt es sich um **regionale Strukturpolitik**, geht es um Aktivitäten in und zwischen Sektoren, ist die Rede von **sektoraler Strukturpolitik**. Bezieht sich die Lenkung auf das Gewerbe, spricht man von **Industriepolitik**. Ist die Hebung des Technologieniveaus das Ziel, geht es um **Technologiepolitik**.

Die politisch-staatlichen Akteure verfolgen in ihren strukturpolitischen Konzepten alternativ folgende Ziele:

Strukturerhaltungsziele
Wirtschaftszweige und Berufsgruppen, deren Absatz stagniert oder schrumpft und die ihre Wettbewerbsfähigkeit mit anderen Regionen der Welt verloren haben, drängen danach, ihr Einkommensniveau an das Niveau erfolgreich operierender Branchen anzunähern. Unter dem Druck von Interessengruppen und mit Rücksicht auf wahlpolitische Erwägungen finden sich genügend Strukturpolitiker, die diese Ziele verfolgen. Solche Zielsetzungen mit einkommensparitätischem Charakter werden z. B. im Steinkohlenbergbau und in der Landwirtschaft verfolgt. Nicht immer werden die Ziele offen genannt. Wo es häufig um das Wohlwollen einer spezifischen Wählerklientel geht, werden gerne hehre Motive wie Autarkie und Versorgungssicherheit genannt.

Strukturanpassungsziele
Branchen, die wettbewerbsentwöhnt und subventionsverwöhnt sind, tun sich schwer mit ihrer Anpassung an den Strukturwandel. Strukturpolitik hat deshalb oft das Ziel, durch schrittweise Deregulierung überholte Regelungen abzuschaffen und die Branche auf einen Wachstumspfad zu führen. Mit dem Aufbrechen des Monopols der deutschen Bundespost in die Telekom AG, Post AG und Postbank AG ist dies gelungen, in anderen Bereichen noch nicht (z. B. Energieversorgungsnetz).

Forschungs- und Technologieförderung wird gemeinhin als eine wichtige staatliche Aufgabe angesehen, jedenfalls dann, wenn es sich um Grundlagenforschung handelt. Subventionierung anwendungsorientierter Technologieforschung stößt hingegen eher auf Bedenken. Die Befürworter einer solchen Förderung führen ins Feld, dass der Staat in Schlüsselbereichen mit strategischer Bedeutung Industriepolitik betreiben müsse, da für Privatunternehmen das Investitionsrisiko zu hoch, mögliche Pioniergewinne (Schumpeter) zu unsicher seien und eine Amortisierung des Kapitals zumindest erst mit langer zeitlicher Verzögerung eintrete. Gerne wird auf die Gefahr der Monopolisierung von Schlüsselindustrien im Ausland hingewiesen, beispielsweise in der Luftfahrtindustrie, wodurch die eigene mittelständische Industrie von den Spill-Over-Effekten einer solchen Entwicklung ausgeschlossen bleibe.

Kritiker dieser Position, die sich gerne auf das Paradigma des Ökonomen Hayek vom **„Wettbewerb als Entdeckungsverfahren"** beziehen, sind davon überzeugt, dass sich staatliche Verwaltung ein Wissen anmaße, über das sie nicht verfüge. Das Wissen über Ressourcen, Produktionsverfahren und Konsumpräferenzen sei in Wirklichkeit dezentral auf unzählige Köpfe verteilt. Nur auf Märkten werde es zusammengeführt und über Preise stelle sich heraus, welche Entscheidungen letztlich richtig gewesen seien. Jeder private Investor trage sein persönliches Risiko. Staatliche Stellen hingegen würden entscheiden, ohne das Risiko des Scheiterns selbst übernehmen zu müssen. In Wirklichkeit trage der Steuerzahler das Risiko.

Strukturgestaltungsziele
In diesen Zielen drückt sich die Absicht des Staates aus, die Wirtschaftsstruktur nach bestimmten Grundvorstellungen zu formen, die Ergebnis politischer Willensbildung sind. Durch Infrastrukturinvestitionen im Verkehrs-, Bildungs- und im Gesundheitswesen schafft der Staat die Voraussetzungen für privatwirtschaftliche Güter und Dienstleistungen.

3.2 EU-Strukturpolitik

EU-Strukturpolitik hat die Aufgabe, wirtschaftlich schwache Regionen innerhalb der EU in Anbetracht ihrer Standortnachteile so lange zu unterstützen, bis deren Anschluss an die allgemeine Wirtschaftsentwicklung erreicht ist. Sie stellt das Gegenstück zur Konjunkturpolitik dar, die um den Ausgleich konjunktureller Schwankungen bemüht ist.

Regional- und Strukturpolitik nach der EU-Erweiterung
Nach der EU-Erweiterung 2004 bzw. 2007 um zehn bzw. zwei Mitgliedstaaten kam der Strukturförderung eine größere Bedeutung zu. Damit war eine Erhöhung der Ausgaben für die Strukturförderung nötig. In der Förderperiode 2007–2013 war für alle Mitgliedstaaten ein Fördervolumen von ca. 348 Mrd. € vorgesehen (2000–2006 237 Mrd. €). Der Anteil der Strukturfonds betrug damit 36 % des EU-Haushalts.

Vorschläge der EU-Kommission für die europäische Kohäsionspolitik 2014–2020

Mit dem Ende 2011 vorgestellten Gesetzespaket versuchte die EU-Kommission, die europäische Kohäsionspolitik zu reformieren und auf die Europa-2020-Ziele auszurichten, nämlich Schaffung von Wachstum und Arbeitsplätzen, Bekämpfung des Klimawandels und der Energieabhängigkeit sowie Verringerung von Armut und sozialer Ausgrenzung. Im EU-Gesamthaushalt 2014–2020 werden bis zu 351,8 Mrd. € für kohäsionspolitische Instrumente eingeplant. Mit nationalen Beiträgen und anderen privaten Investitionen beträgt der Gesamtumfang der Kohäsionspolitik 2014–2020 ca. 450 Mrd. €.

Aufteilung der Finanzmittel für die europäische Kohäsionspolitik

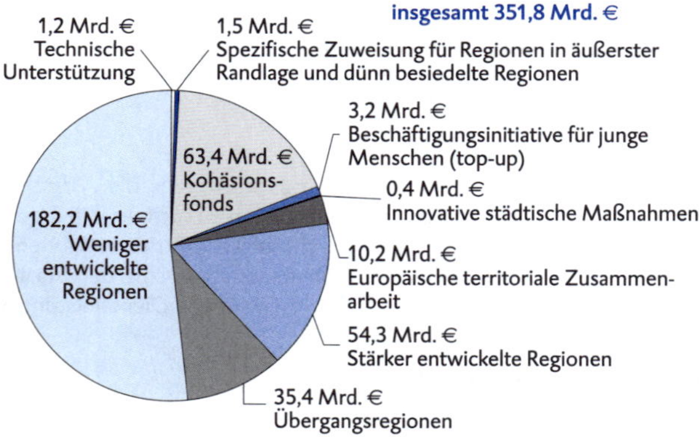

Neuerungen im Überblick

Die EU-Kommission will sich künftig auf Investitionsprioritäten konzentrieren. Sie sollen in neuen Partnerschaftsvereinbarungen zwischen den Mitgliedstaaten und der Kommission festgelegt werden. Regionen, die ihre Ziele am besten erreichen, sollen über eine „leistungsgebundene Reserve" belohnt werden.

Zugleich sollen EU-Strukturfondshilfen für Mitgliedstaaten gestrichen werden, die zu hohe Haushaltsdefizite aufweisen. Dieser Vorschlag ist allerdings sehr umstritten. Einige Europaabgeordnete und der Ausschuss der Regionen haben den Vorschlag bereits abgelehnt, da sie darin eine doppelte Bestrafung für Länder sehen, die bereits wirtschaftliche und finanzielle Probleme haben.

Instrumente der Regional- und Strukturpolitik

- **Europäischer Fonds für regionale Entwicklung (EFRE):** Stärker als bisher liegen die wichtigsten Ziele in den Bereichen Forschung und Entwicklung sowie Innovation, Verbesserung des Zugangs zu Informations- und Kommunikationstechnologien, Klimawandel und Schritte in Richtung einer CO_2-armen Wirtschaft, Unternehmensförderung für kleine und mittlere Unternehmen, Dienstleistungen von allgemeinem wirtschaftlichem Interesse, Telekommunikations-, Energie- und Verkehrsinfrastrukturen, Verbesserung der institutionellen Kapazitäten und effektive öffentliche Verwaltung, Gesundheit, Bildung und soziale Infrastrukturen sowie nachhaltige Stadtentwicklung.
- **Europäischer Sozialfonds (ESF):** Die Verordnung schlägt vor, den ESF in der gesamten Union auf vier thematische Ziele auszurichten: Förderung der Beschäftigung und der Mobilität der Arbeitskräfte, Förderung der sozialen Eingliederung und Bekämpfung der Armut, Investitionen in Bildung, Qualifikationen und lebenslanges Lernen, Verbesserung der institutionellen Kapazität und effiziente öffentliche Verwaltung.
- **Kohäsionsfonds:** Mitgliedstaaten, deren BIP weniger als 90 % des EU-Durchschnitts beträgt, erhalten Förderungen in den Bereichen Transeuropäische Verkehrsnetze (Schiene und Straße) und Umwelt. Im Bereich Umwelt sind dies insbesondere Investitionsförderungen im Zusammenhang mit dem Klimawandel, dem Wasser- und Abfallsektor sowie dem städtischen Lebensraum.
- **Europäischer Verbund für territoriale Zusammenarbeit:** Schon in der Förderperiode seit 2007 konnten Partner auf lokaler und regionaler Ebene Verbünde für territoriale Zusammenarbeit gründen, um komplizierte Unterschiede zwischen nationalen Regelungen und Vorschriften zu beseitigen. Dazu war ein neues Rechtsinstrument geschaffen worden, das die Kooperation erleichterte. Auch in der jetzigen Periode werden grenzübergreifende, transnationale und interregionale Kooperationsprogramme gefördert.

Jede europäische Region kann EFRE- und ESF-Fördermittel erhalten. Man wird aber zwischen weniger entwickelten Regionen, Übergangsregionen und stärker entwickelten Regionen unterscheiden, um für eine Konzentration der Fondsmittel entsprechend dem BIP zu sorgen.

Die Förderung weniger entwickelter Regionen wird eine wichtige Priorität der Kohäsionspolitik bleiben. Der Aufholprozess weniger entwickelter Regionen wird nachhaltige langfristige Anstrengungen erfordern. Bei dieser Kategorie handelt es sich um Regionen, deren Pro-Kopf-BIP weniger als 75 % des durchschnittlichen BIP der EU-Mitglieder beträgt.

Die Kategorie der Übergangsregionen umfasst alle Regionen mit einem Pro-Kopf-BIP zwischen 75 % und 90 % des EU-27-Durchschnitts.

Auch wenn Interventionen in den weniger entwickelten Regionen weiterhin Vorrang haben werden, gibt es wichtige Herausforderungen, die alle Mitgliedstaaten und damit auch die stärker entwickelten Regionen betreffen. Hierzu gehören der weltweite Wettbewerb in der wissensbasierten Wirtschaft und die Umstellung auf eine CO_2-arme Wirtschaft. Die Kategorie der stärker entwickelten Regionen umfasst Regionen, deren Pro-Kopf-BIP über 90 % des EU-27-Durchschnitts beträgt.

Kritik an der EU-Strukturpolitik

Kritiker der EU-Strukturpolitik heben hervor, dass die Orientierung der Umverteilung an regionalen Disparitäten wirtschaftlich nicht zu vertreten sei, da nicht Regionen, sondern Menschen bedürftig seien. Zudem bestehe auch innerhalb von Regionen ein Einkommensgefälle.

Während der Wettbewerb der Regionen zu einer marktförmigen Regelung führe, die in einer ersten Phase mit sozialen Härten einhergehe, verzerrten die Mitnahmeeffekte von Subventionen eine optimale Lösung, was die regionale Disparität zu einem Dauerzustand mache.

Das Handelsblatt kritisierte im März 2013, dass ärmere Staaten von den in den Strukturfonds bereitstehenden ca. 340 Mrd. € bei Weitem nicht die ihnen zur Verfügung stehenden Mittel abgerufen hätten, ein Land wie Deutschland mit einer effizienten öffentlichen Verwaltung hingegen vergleichsweise viel Geld in Anspruch genommen habe.

3.3 Strukturpolitik in Deutschland

Subventionen in Deutschland

Strukturpolitische Maßnahmen werden vor allem in Form von Subventionen ergriffen, die als Steuervergünstigungen und **Finanzhilfen** gewährt werden. Während Subventionen von den Empfängern gerne in Anspruch genommen werden, ist im Fall ihrer Kürzung mit erheblichem Widerstand zu rechnen. Direkte Finanzhilfen, die unmittelbar an die Empfänger fließen, und indirekte Finanzhilfen, welche die Länderhaushalte passieren, sind seit 2000 in der Tendenz gesunken.

Sonderfall „Aufbau Ost“

Die Wiedervereinigung der beiden deutschen Staaten bedeutete für die fünf neuen Bundesländer eine besondere Herausforderung. Der frühere Bundeskanzler Helmut Kohl, die Regierungschefs der Länder und die Partei- und Fraktionsvorsitzenden einigten sich im März 1993 auf einen

Solidarpakt. Damit wird die Übereinkunft bezeichnet, den ostdeutschen Bundesländern für den Abbau teilungsbedingter Sonderlasten besondere Finanzmittel zukommen zu lassen. Der Solidarpakt I trat 1995 in Kraft und lief bis 2004. Die neuen Länder erhielten 94,5 Mrd. €.

Schon vor dem Ende des Solidarpakts I war erkennbar, dass das Ziel, die neuen Bundesländer bis 2004 wirtschaftlich auf einen vergleichbaren Stand mit den westlichen Bundesländern zu bringen, verfehlt werden würde. Im **Solidarpakt II** legten Bundestag und Bundesrat in einer Entschließung fest, dass von 2005 bis 2019 den neuen Ländern 156,8 Mrd. € zur Verfügung gestellt werden. Diese Summe teilt sich auf in einen **Korb I**, der 105 Mrd. € enthält und die Infrastrukturlücke schließen sowie die unterproportionale kommunale Finanzkraft ausgleichen soll. **Korb II** umfasst sonstige Zuwendungen des Bundes, die die neuen Länder im Vergleich zu den alten Ländern in überproportionalem Umfang erhalten. Dies sollen bis 2019 insgesamt 51,8 Mrd. € sein.

Die bisherige Bilanz des erwarteten Aufholprozesses ist ernüchternd. Seit Mitte der 90er-Jahre stagnierte die Entwicklung. Die fortdauernde Abwanderung v. a. junger Menschen verschlechterte noch die Perspektive. Dies ist sicher einer der Gründe dafür, warum in den letzten Jahren häufiger empfohlen wird, die Wirtschaftsförderung stärker auf Wachstumspole und Industriecluster zu konzentrieren und diese durch den Ausbau einer interregionalen und internationalen Verkehrsinfrastruktur an das gesamtdeutsche und europäische Transportnetz anzuschließen.

Die größten Steuervergünstigungen 2014, in Mrd. Euro

Direkte und indirekte Finanzhilfen des Bundes

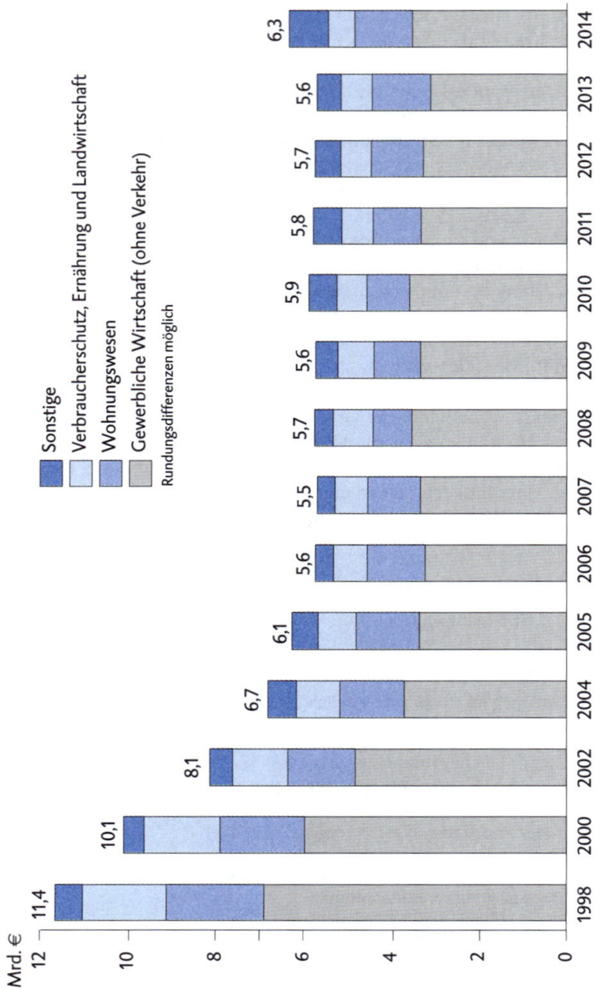

Umweltökonomie

1 Externe Effekte und Marktversagen

In der Regel stellen Märkte die beste Form für die Organisation einer Volkswirtschaft dar. Dieses Modell effizienter Märkte gründet auf der Eindeutigkeit von Eigentumsrechten. Wo sie klar definiert und durchsetzbar sind, entstehen über den Preis die optimalen Marktergebnisse. Sind die Eigentumsrechte hingegen unklar oder grundsätzlich nicht festlegbar, versagt der Markt als Allokationsmechanismus. Die Preise geben keine Auskunft mehr über Knappheitsrelationen.

Da bei der Produktion zahlreicher Güter die Umwelt beeinträchtigt wird, müsste auch ihr Verbrauch sich in den Preisen widerspiegeln. Nur dann wäre gewährleistet, dass die Güter so verwendet werden, dass sie den größten Nutzen stiften. Doch für zahlreiche Umweltgüter wie Luft und Ruhe, obgleich sie nicht unbegrenzt zur Verfügung stehen, lassen sich nur schwerlich Preise bilden. Wir atmen verschmutzte Luft ein, sind dauerhaftem Lärm ausgesetzt, obgleich wir in der Regel nicht die Verursacher, ebenso wenig die Nutznießer jener Produktion sind, bei der verschmutzte Luft oder Lärm entstehen.

Solche negativen Auswirkungen nennt man **externe Kosten** oder **negative externe Effekte**. Gemeint sind damit die Auswirkungen ökonomischen Handelns auf die Wohlfahrt eines unbeteiligten Dritten, für die niemand bezahlen muss und niemand einen Ausgleich erhält.

Auch **positive externe Effekte** bzw. **externer Nutzen** sind möglich. Wiederhergestellte historische Gebäude erhöhen die Lebensqualität von Passanten, denen keine Restaurierungskosten entstanden waren. Von der Grundlagenforschung profitieren Unternehmen, die nicht in Aus- und Fortbildung investiert hatten. Daher gewährt der Staat häufig Subventionen, um die Kosten, die den positiven externen Effekt ermöglichen, zu kompensieren.

Externe Effekte führen die Marktwirtschaft aus folgenden Gründen in die Irre:

- Im Falle des externen Nutzens ist die Neigung der Menschen sehr ausgeprägt, das Angebot des Nutzenstifters in Anspruch zu nehmen, ohne mit einer entsprechenden Zahlungsbereitschaft darauf zu reagieren. Da der Staat mit einer solchen Trittbrettfahrermentalität rechnet, hat er zahlreiche Dienstleistungen in Eigenregie übernommen.

- Im Falle der externen Kosten sind die Marktpreise von Gütern, die durch Umweltbelastung zustande kamen, zu niedrig. Die Preise drücken nicht die „Wahrheit“ aus. Ein betriebswirtschaftlich rationales Verhalten, der ungehemmte Verbrauch von Umweltgütern, steht im Widerspruch zur volkswirtschaftlichen Gesamtbilanz, in der die Umweltschäden als Kosten für die Gemeinschaft wieder auftauchen.

Einzelne Unternehmen befinden sich in der Situation eines sog. **Gefangenendilemmas**. Aus sinnvollen einzelwirtschaftlichen Erwägungen heraus treffen sie gesamtwirtschaftlich negative Entscheidungen. Umweltgüter werden zum Nulltarif verwendet, ihre Übernutzung ist vorprogrammiert. Es handelt sich dabei um das **Allmendeproblem**. Mit Allmende ist das Grundeigentum gemeint, das sich früher im Besitz einer Dorfgemeinschaft befand und an dem alle Gemeindemitglieder Nutzungsrecht hatten. Das Ergebnis war häufig seine Zerstörung.

Im übertragenen Sinn kann man z. B. auch die Überfischung der Weltmeere und die Verschärfung des Treibhauseffekts durch CO_2 als aktuelle Beispiele für diese **„Tragik der Allmende“** (Hardin) bezeichnen. Persönlich verursachte Kosten werden also der Öffentlichkeit aufgebürdet. Oft werden sie auch schlicht in die Zukunft verschoben.

Die Grafik verdeutlicht z. B., dass Lärmschäden durch den Flugverkehr unberücksichtigt bleiben und sich nicht auf die Preise auswirken. Daher fliegen auch Kunden, die bei höheren Preisen darauf verzichten würden. Für sie und die Fluggesellschaft geht die betriebswirtschaftliche Rechnung auf. Die Kosten für die Öffentlichkeit werden nicht eingerechnet (internalisiert).

Marktgleichgewicht und externe Kosten

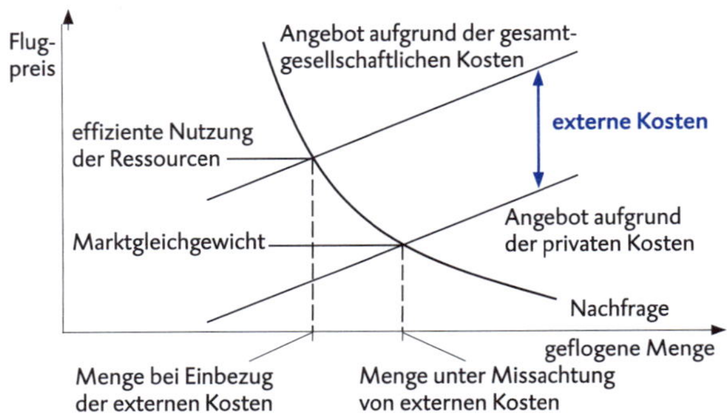

2 Prinzipien der Umweltpolitik

Umweltpolitik agiert im Wesentlichen nach folgenden Prinzipien, die die Ursachen der oben beschriebenen Problematik verdeutlichen:

- **Verursacherprinzip:** Die als externe Kosten anfallenden sozialen Zusatzkosten als Folge von Produktion oder Konsum werden dem Verursacher angelastet. Aus externen werden interne Kosten. Sie werden also **internalisiert**. Theoretisch erscheint dieses Prinzip sehr plausibel. Die Schwierigkeiten liegen aber darin, den Verursacher ausfindig zu machen. Angesichts von kumulativen Wirkungsketten ist die Verantwortung meist nicht eindeutig zuzuordnen. Wer sollte in Anbetracht der Verkehrsbelastungen als Verursacher angesehen werden, der Produzent oder der Betreiber des Fahrzeugs oder der Treibstoffhersteller? Häufig ist der Verursacher eines Problems nicht identifizierbar bzw. sein Anteil an dem Problem nicht messbar.
- **Kooperationsprinzip:** Hier will man die Mitverantwortlichkeit der Betroffenen erreichen. Dabei ist ihre frühe Einbindung wichtig. Am Ende soll ein Abkommen stehen, z. B. zwischen einer ganzen Branche und der Umweltbehörde, in dem die Branchenmitglieder die Unterlassung bestimmter umweltschädigender Maßnahmen in Aussicht stellen. So könnte sich etwa die Getränkeindustrie dazu verpflichten, einen gewissen Prozentsatz der Getränkeflaschen als Mehrwegflaschen in den Handel zu bringen. Sie kooperiert, indem sie sich einem Selbstbindungsabkommen unterwirft.
- **Vorsorgeprinzip:** Nach der Maxime, dass Vorbeugen besser ist als Heilen, sollen von vornherein Gefährdungen der Umwelt vermieden werden. Die natürliche Lebensgrundlage der Menschheit soll erhalten bleiben, auch zukünftige Generationen sollen eine intakte Umwelt vorfinden. Dem Ansatz liegt die Vermutung zugrunde, dass Menschen Gegenwartsgüter höher bewerten als Zukunftsgüter. Dem möchten seine Vertreter das Vorsorgeprinzip als Verwirklichung des Nachhaltigkeitsprinzips gegenüberstellen. Häufig argumentieren sie auch ökonomisch damit, dass die Vermeidung von Schäden kostengünstiger sei als ihre Reparatur.
- **Gemeinlastprinzip:** Dieses Prinzip soll zur Anwendung kommen, wenn keines der anderen Prinzipien Erfolg verspricht. Die Kosten des Umweltschutzes werden über den Staatshaushalt finanziert und über Steuern oder Parafisci auf die Bürger verteilt. Ein Beispiel sind die Kosten der Gesundheitsfürsorge bei Erkrankungen der Atemwege infolge hoher Luftverunreinigung.

3 Umweltpolitische Strategien

Die umweltökonomische Leitidee, dass die eigentliche Ursache der Umweltzerstörung das Versagen des Preismechanismus als Allokationsinstrument infolge externer Effekte darstellt, führt zur Suche nach Möglichkeiten, wie externe Effekte internalisiert werden können, wie also in den Preisen die Folgen der ökonomischen Tätigkeit sichtbar gemacht werden können. Möglich sind z. B. Auflagen mittels Ordnungsrecht, Verhandlungen über Eigentums- und Nutzungsrechte, Ökosteuern und handelbare Umweltzertifikate.

Instrumentengruppe	Beispiele	Staatliche Eingriffsstärke
Ordnungsrechtliche Instrumente	• Umweltgesetzgebung • Umweltstrafrecht	hoch
Planerische Instrumente	• Raumordnungsprogramme • Abfallwirtschaftsplan	hoch bis mittel
Finanzielle Instrumente	• Umweltsteuern • Umweltorientierte Beschaffung	mittel
Kooperation	• Verhandlungen • Selbstverpflichtungen	mittel bis niedrig
Information	• Umweltbildung • Umweltinformation	niedrig

3.1 Auflagen, Gebote und Verbote

Das steigende Umweltbewusstsein der Bevölkerung hat einen wachsenden Druck auf staatliche Institutionen ausgeübt, mittels Ordnungsrecht eine Flut von Gesetzen und Verordnungen zu erlassen, die meist auf die Festsetzung von Emissionsgrenzen oder die Festlegung technologischer Verfahren hinausliefen. Die Vorteile dieser staatlichen Praktiken werden üblicherweise in ihrer unmittelbaren Wirksamkeit gesehen. Grundsätzlich akzeptiert wird, dass in Gefahrensituationen schnelles staatliches Handeln erforderlich ist. Doch in der Fachliteratur überwiegt die Kritik am Glauben an die nachhaltige Wirksamkeit solcher Maßnahmen:

- Der Staat hat kein Erlass-, aber ein **Umsetzungsproblem**. Ein Heer von Beamten wäre erforderlich, um die Einhaltung aller Gesetze und Erlasse zu überwachen. Die Kosten wären nicht zu rechtfertigen.

- Eine einseitige Verbotsphilosophie hat den Umweltschutz im öffentlichen Bewusstsein mit einem strafenden Staat in Verbindung gebracht und zu einer Vollzugskrise beigetragen.
- Soweit die Unternehmen die Grenzwerte einhalten, werden Einsparungsspielräume nicht genutzt, zumal Unternehmen nicht motiviert sind, durch neue Technologien die vorgegebenen Standards zu unterschreiten. Ein Strukturwandel in Richtung einer umweltschonenden Produktion unterbleibt. Dem „Schweigekartell der Oberingenieure" (H. Bonus) genügt, was derzeit Stand der Technik ist bzw. was staatliche Bürokraten dafür halten.
- In der Regel finden erst Umweltemissionen statt, bevor staatlicher Eingriff zur Schadensbeseitigung führt. Ein Umwelt-Ordnungsrecht stimuliert die Entwicklung sog. **„end of the pipe"-Technologien**. Nicht die Produktionsprozesse werden verändert, sondern die Schäden behandelt. In der Realität aber verändert sich die Sichtweise in Richtung eines integrierten Umweltschutzes, der an den Ursachen ansetzt.

3.2 Verhandlungslösungen: Das Coase-Theorem

Angenommen, ein Speditionsunternehmen will seine Fracht auch nachts durch ein Wohngebiet transportieren, um einen langen Umweg zur Autobahn zu vermeiden. Wenn der Lastwagen durch Lärm die Nachtruhe der Anwohner stört, verursacht er einen Schaden zuungunsten der Anwohner. Wenn die Anwohner ihrerseits den Anspruch auf Nachtruhe gegen das Unternehmen durchsetzen, verursachen sie ebenfalls einen Schaden, zuungunsten des Unternehmens, welchem zusätzliche Kosten entstehen. Entgegen der landläufigen Meinung sind beide Seiten Verursacher des Problems.

Die Unterscheidung zwischen Schädiger und Geschädigtem macht wenig Sinn. Entscheidend ist die **Zuordnung der Eigentumsrechte**. Liegen sie beim Verursacher der Störung, müssen die Anwohner Kompensationszahlungen leisten, damit die Ruhestörung unterbleibt. Erhalten hingegen die Anwohner das Eigentumsrecht auf nächtliche Ruhe, muss der Verursacher der Ruhestörung in Verhandlungen den Anwohnern ihre Rechte abkaufen und Kompensationszahlungen leisten.

Dem von Ronald Coase 1960 formulierten **Theorem einer Verhandlungslösung** liegt die Idee der Eigentumsrechte an Umweltgütern zugrunde. Es begründet einen Schadenersatzanspruch oder einen Kompensationszwang. Damit werden externe Effekte internalisiert.

Die Umsetzung in der Praxis kann jedoch daran scheitern, dass

- angesichts eines globalen Umweltproblems keine staatliche Macht vorhanden ist, welche über die allseits anerkannte Autorität verfügt, Eigentumsrechte zu verleihen;
- in Anbetracht der großen Zahl der Betroffenen die Informations-, Verhandlungs- und Kontrollkosten unüberwindbar hoch sind;
- die Monopolstellung einer Seite ein akzeptables Verhandlungsergebnis unmöglich macht.

3.3 Ökosteuern

Die Idee, Steuern zur Korrektur negativer externer Effekte und Subventionen zum Ausgleich positiver externer Effekte einzusetzen, stammt vom englischen Ökonomen Arthur C. Pigou. Im Fachjargon wird die Ökosteuer auch **Pigou-Steuer** genannt. Der Verursacher einer negativen Externalität wird mit einem Steuersatz belastet, der den externen Kosten entspricht, die vorher der Allgemeinheit aufgebürdet worden sind. Die externen Kosten erscheinen damit in den Kostenrechnungen von Unternehmen und Konsumenten. Sie sind internalisiert worden. Die Folge ist, dass der Preis des umweltschädigend erstellten Gutes steigt, die Nachfrage und die Produktion des Gutes sinken. Der Anreiz besteht darin, durch eine Minderung externer Kosten, z. B. durch Schadstoffreduzierung, die Steuerbelastung zu senken und damit die Nachfrage wieder zu erhöhen. Unternehmen und Konsumenten fällen damit ihre Produktions- und Kaufentscheidungen aufgrund der gesamtgesellschaftlichen Kosten. Der Widerspruch zwischen betriebswirtschaftlicher und gesamtgesellschaftlicher Rationalität ist aufgelöst.

Da das Wissen über das Ausmaß der externen Kosten nur bruchstückhaft ist, bedeutet die Steuer, dass die externen Kosten lediglich im Prinzip internalisiert wurden. Es findet nur eine Annäherung an das gesellschaftliche Optimum statt. Bei der Besteuerung kann man an verschiedenen Punkten ansetzen, und zwar an:

- der Endproduktmenge (z. B. phosphathaltige Waschmittel),
- den Produktionsmitteln (z. B. Energie),
- der Schadstoffemission.

Die in Deutschland 1999 eingeführte **Ökosteuer** ist eine Produktionsmittelsteuer, im konkreten Fall auf Strom und Mineralöl.

Ökosteuern sind ein Ersatz für den nicht existierenden Marktpreis für Umweltverbrauch. Diejenigen Unternehmen, denen die geringsten Vermeidungskosten entstehen, werden die größten Anstrengungen unternehmen, um diese Steuerbelastung zu senken. Das marktwirtschaftliche Allokationssystem kommt wieder zur Geltung.

Der Standard-Preis-Ansatz

Bei der Pigou-Steuer bestehen erhebliche Umsetzungsprobleme, v. a. ein Informationsproblem. Um die externen Kosten durch eine Steuer abzudecken, benötigen staatliche Stellen das Wissen über das Ausmaß der negativen externen Effekte. Zudem müssen sie in der Lage sein, die Externalitäten den Verursachern eindeutig zuzuordnen. Das ist jedoch häufig unmöglich. Eine Alternative stellt der Standard-Preis-Ansatz dar. Ein bestimmtes Ausmaß der Schädigung, z. B. ein Ozon-Grenzwert, wird als Höchstwert festgelegt, zum Standard erhoben. Die Schadstoffe werden in einem Annäherungsverfahren so lange mit steigenden Abgaben belegt, bis die gestiegenen Preise für Emissionen den gewünschten Grenzwert herbeigeführt haben. Der Ansatz fördert die Entwicklung neuer Technologien, mit deren Hilfe die Abgabe kostenminimierend gesenkt, schließlich vielleicht sogar ganz vermieden werden kann.

Vom Grenzwert zur Umweltabgabe

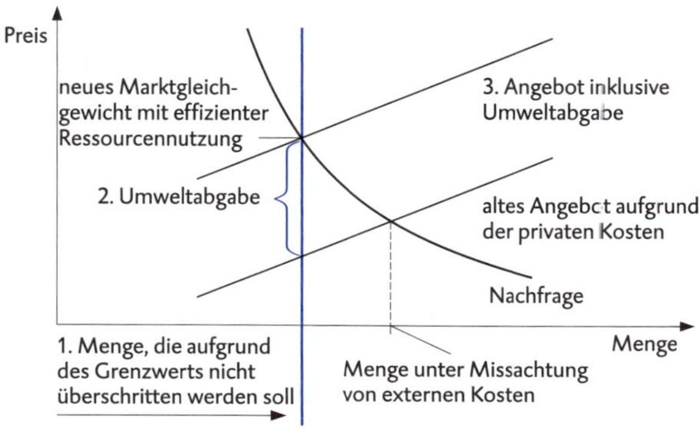

Die Höhe der Umweltabgaben lässt sich also auf zwei Arten festlegen:

- nach der **Schadenshöhe:** dabei werden die externen Kosten geschätzt und die Pigou-Steuer wird danach bemessen;
- nach dem **Standard-Preis-Ansatz:** der maximal zulässige Verschmutzungsgrad wird festgelegt. Die Umweltabgaben werden so lange schrittweise erhöht, bis der Höchstwert sich eingependelt hat.

3.4 Europäischer Emissionshandel

Das System des europäischen Emissionshandels ist das erste marktwirtschaftlich funktionierende Handelssystem zur CO_2-Begrenzung. In der Theorie sieht dies so aus: Ein noch als akzeptabel empfundenes Maß an Emissionen wird festgelegt und durch eine entsprechende Menge an Zertifikaten festgeschrieben, die an emissionshandelspflichtige Unternehmen verteilt werden. Diese Zertifikate können frei zwischen den Unternehmen gehandelt werden. Unternehmen, die den Schadstoffausstoß nur mit sehr hohem Kostenaufwand reduzieren können, werden viele Emissionszertifikate kaufen. Unternehmen, die mit geringem technischen Aufwand die Umweltverschmutzung vermindern können, werden Zertifikate verkaufen. Der so entstandene Markt sorgt dafür, dass die Emissionsreduktion zunächst dort erfolgen wird, wo sie am günstigsten ist. Die Reduktion geschieht also zu den niedrigstmöglichen gesamtwirtschaftlichen Kosten.

Die Realität stellt sich so dar: In einer 1. Phase von 2005–2007 erhielten die teilnehmenden Länder kostenlose Emissionszertifikate auf Basis ihres bisherigen Verbrauchs. In der Folge wurden zu viele Zertifikate herausgegeben und deren Preis fiel von 29 € auf 4 Cent pro Stück.

Auch in der 2. Handelsperiode von 2008–2012 herrschte noch ein Überangebot. Doch eine zusätzliche Kürzung der Emissionsmenge für Industrieanlagen in Höhe von 1,25 % entsprach schon der Logik einer Verknappung von Lizenzen auf dem Markt. Seit 2012 wurde auch der Luftverkehr in den Emissionshandel einbezogen.

In der 3. Handelsperiode von 2013–2020 gibt es keine nationalen Emissionsbudgets mehr, sondern eine europaweite Obergrenze, deren Wert zudem jährlich um 1,74 % sinken wird. Bis 2020 wird sich eine Minderung an CO_2-Emissonen von 21 % gegenüber 2005 ergeben. Der Kreis der betroffenen Anlagen wird erweitert. Neben CO_2 müssen andere klimaschädliche Gase berücksichtigt werden. Neben der kostenlosen Zuteilung von Zertifikaten für Industrie und Wärmeproduktion unter strengen Bestimmungen wird das System von Versteigerungen immer vorherrschender.

Außenwirtschaft und Globalisierung

1 Theorie der Außenwirtschaftspolitik

Seit dem Zweiten Weltkrieg haben die internationalen Handelsverflechtungen kontinuierlich zugenommen. Die Weltproduktion ist seitdem um das 9-Fache gestiegen, der Welthandel aber um das 31-Fache. 2014 importierte Deutschland Güter im Wert von 916 Mrd. €. Das waren ca. 32 % des BIP. Traditionell weist Deutschland hohe Überschüsse in der Handelsbilanz auf. Im selben Jahr lagen die Güterexporte um 197 Mrd. € über den Importen.

Bei der Erklärung, warum Handel stattfindet, sind zwei Ebenen zu unterscheiden, **inter- und intraindustrieller Handel**.

1.1 Interindustrieller Handel

Nichtverfügbarkeit von Gütern
Wenn ein Land ein Gut nicht oder nicht in der erforderlichen Menge zur Verfügung stellen kann, können dazu Besonderheiten des Faktors Boden wie Klima und Rohstoffe beitragen, beispielsweise wenn bestimmte Rohstoffe wie Erdöl fehlen. Ein weiterer Grund für die Nicht-Verfügbarkeit kann die mangelnde Qualität der Faktoren Arbeit und Kapital sein, eine sog. technologische Lücke, weshalb diese Länder ihren Bedarf an Hightech-Produkten durch Importe decken müssen.

Preisdifferenzen aufgrund absoluter Kostenvorteile
Ein Staat hat einen **absoluten Kostenvorteil**, wenn er ein Gut mit weniger Ressourcen herstellen kann als ein anderer Staat. Davon ging Adam Smith in der Auseinandersetzung mit merkantilistischen Positionen und der Ablehnung von Protektionismus aus. Außenhandel wurde nicht mehr als Nullsummenspiel gesehen, bei dem eine Volkswirtschaft Handelsgewinne nur auf Kosten anderer erzielt. Smith war überzeugt, dass Wohlfahrtsgewinne durch die internationale Arbeitsteilung zu erzielen seien, d. h. durch die Erhöhung der Arbeitsproduktivität, indem jedes Land sich darauf spezialisiert, was es am günstigsten herstellen kann.

Preisdifferenzen aufgrund komparativer Kostenvorteile

Warum importiert ein Land wie Deutschland Kleidung aus Asien, obgleich deutsche Arbeitskräfte in der Textilbranche produktiver wären als ihre asiatischen Konkurrenten, obgleich die absoluten Kostenvorteile also in Deutschland liegen? Die Erklärung liefert eines der berühmtesten klassischen ökonomischen Theoreme, das der **komparativen Kosten** von David Ricardo. Es verdeutlicht, dass Handel sich für zwei Länder auch dann lohnt, wenn ein Land alle Produkte billiger produzieren kann. Es wird angenommen, die USA und Taiwan produzierten beide Software und Computer. Mit 100 Arbeitseinheiten können in beiden Ländern alternativ hergestellt werden:

	USA	**Taiwan**
Software	20	10
Computer	16	14

Die USA verfügen bei beiden Produkten über einen absoluten Kostenvorteil. Dennoch lohnt sich die Spezialisierung auf die Softwareentwicklung. Der Kostenvorteil der USA ist mit 20:10 größer als bei der Computerherstellung mit 16:14. Taiwan hat keinen absoluten, aber einen komparativen (relativen) Kostenvorteil bei Computern. Im täglichen Leben, in der Kooperation zwischen Personen, ist eine vergleichbare Entscheidungssituation leicht vorstellbar. Person A mag in allen Gebieten überlegen sein, in Organisation, Menschenführung, handwerklichem Geschick und Auffassungsgabe. Auch dann macht die Arbeitsteilung Sinn, wenn Person B sich auf das konzentriert, wo sie ihre komparativen Vorteile hat, wo sie also am wenigsten unterlegen ist.

Das Faktor-Proportionen-Theorem

Nach dem Ricardo-Theorem liegt die Ursache des internationalen Handels in einer unterschiedlichen Arbeitsproduktivität. Der Schwede Bertil Ohlin (1899–1979; Wirtschaftsnobelpreis 1977) betonte den Einfluss der Faktorausstattung eines Landes auf die komparativen Kostenvorteile. Ein Land A verfügt über einen hohen Kapitalstock, aber nur über wenige Arbeitskräfte. Land B ist reich an Arbeitskräften, aber arm an Kapital. Im Land A ist Kapital relativ zur Arbeit billig, während im Land B Arbeit im Verhältnis zum Kapital günstig ist. Nicht wichtig ist, welches Land absolut gesehen über mehr Kapital oder mehr Arbeit verfügt. Stattdessen kommt es auf das Verhältnis an, in dem die Faktoren in den Ländern jeweils zueinander stehen. Relativ kapitalreiche Länder werden also kapitalintensive Produkte exportieren und arbeitsintensive Produkte importieren. Relativ arbeitsreiche Länder werden arbeitsintensive Produkte exportieren und kapitalintensive Produkte importieren. Dies lässt sich auch auf die Verhältnisse zwischen den anderen Faktoren mit vergleichbaren Auswirkungen übertragen. Damit erklärt sich der Handel zwischen einem humankapitalreichen Land und einem Land, das über eine gute Ausstattung mit landwirtschaftlich nutzbaren Böden verfügt.

Freihandel und komparative Kostenvorteile

1 Energieträger (v. a. Erdöl)
2 Fremdenverkehr
3 Textilien, Schuhe
4 Privatversicherungen
5 Nahrungs- und Genussmittel
6 Informationstechnologie
7 Metalle
8 Holz, Papier, Steine, Kunststoffe
9 Chemikalien, Medikamente
10 Finanzdienstleistungen
11 Fahrzeuge
12 Maschinen

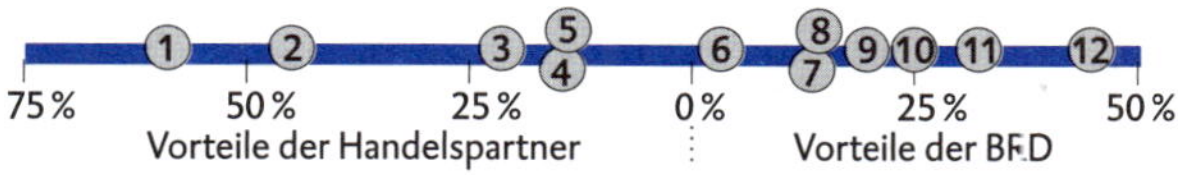

Der Produktlebenszyklus

Eine Weiterentwicklung erfuhr das Faktor-Proportionen-Theorem durch die **Produktlebenszyklustheorie**. Danach durchläuft jedes Produkt nach seiner Markteinführung in der Regel drei Stadien: die Innovations-, die Ausreifungs- und die Sättigungsphase.

Die erste Phase setzt eine hohe technologische Qualifikation voraus. Sie ist die Domäne von Industrieländern mit hoher Humankapitalausstattung. Solche Länder exportieren vornehmlich innovative Produkte. Die Ausreifungsphase erfordert eine kapitalintensive Produktion auf mittlerem technologischem Niveau. Länder, die zur Entwicklung des Produkts nicht in der Lage gewesen wären, kommen allmählich zum Zuge. Sie übernehmen die Technologie und verdrängen die Lieferanten der vordem hochtechnologischen Importe von ihren nationalen Märkten, ja sie exportieren nach und nach jene Produkte in das Land, aus dem sie diese als Hightech-Produkte vor einiger Zeit importiert hatten. Die Sättigungsphase ist die Chance für Entwicklungsländer im Stadium der Industrialisierung, die über ein großes Reservoir lernfähiger Arbeitskräfte verfügen. So kommen die ehemals hochinnovativen Produkte in die Ursprungsländer zu sehr niedrigen Marktpreisen zurück und lösen bei den dortigen Produzenten nicht selten den Ruf nach Protektion durch den Staat aus. Häufig geschieht dies in einer Phase des abflauenden Konsums.

1.2 Intraindustrieller Handel

Beschreibung eines modernen Phänomens

Den bisher behandelten Ansätzen ist gemeinsam, dass sie auf der Theorie der komparativen Kosten basieren. Der Handel beruht auf dem Tausch unterschiedlicher Güter. Dies gilt jedoch nicht für das Modell des intraindustriellen Handels. Hier findet Im- und Export bei Gütern derselben Güterklasse statt, z. B. deutsche und französische Autos. Die Handelspartner verfügen über die gleiche Faktorausstattung. Die gehandelten Güter unterscheiden sich praktisch nicht in Kapital- und Arbeitsintensität. Dieser Handel findet vor allem unter hoch entwickelten Industrieländern statt. Dort macht er mehr als die Hälfte des Außenhandels aus. Zwischen Ländern mit ungleichem Entwicklungsstand findet eher interindustrieller Handel statt. Zwischen Ländern ähnlich hoher Entwicklungsstufe dominiert intraindustrieller Handel.

Ursachen des intraindustriellen Handels

Die zuvor dargestellten Theoreme erklären, warum interindustrieller Handel zustande kommt. Allerdings widersprechen der Konsumentenwunsch nach Produktvielfalt und die Kostenvorteile aus der Spezialisierung zur Erreichung möglichst großer Produktionsvolumina einander. Einen Ausweg bietet der intraindustrielle Handel.

- Der internationale Handel ähnlicher, aber nicht gleicher Produkte kann den oben erwähnten Widerspruch z. T. aufheben. Da in den vergangenen Jahrzehnten die **Transporte kostengünstiger** wurden und für die Unternehmer einfacher abzuwickeln sind, lohnt die Massenproduktion durch das erweiterte Liefergebiet immer mehr.
- In Wohlstandsgesellschaften diversifizieren sich die **Geschmackspräferenzen** der Nachfrager, worauf die Produzenten mit einem differenzierten Angebot in gleichen Gütersegmenten reagieren. Dies geschieht dadurch, dass unter den Bedingungen der Informationsgesellschaft der Konsument seine Präferenzen offenbart, nachdem er eine Vielzahl von Charakteristiken des gewünschten Produktes entwickelt hat. So hat er sich sein Idealgut im Vergleich mit zahlreichen ähnlichen Produkten gebildet. Auf einem solchen Markt sucht er nun jenes Produkt, das seinen Idealvorstellungen am nächsten kommt.
- Eine beschleunigte technologische Entwicklung erlaubt immer neue **Produktvarianten**, auf die ein gut informiertes Publikum schnell reagiert.
- Es stellen sich zunehmende **Skalenerträge** ein, d. h., das Produktionsergebnis steigt überproportional zum Einsatz aller Ressourcen.

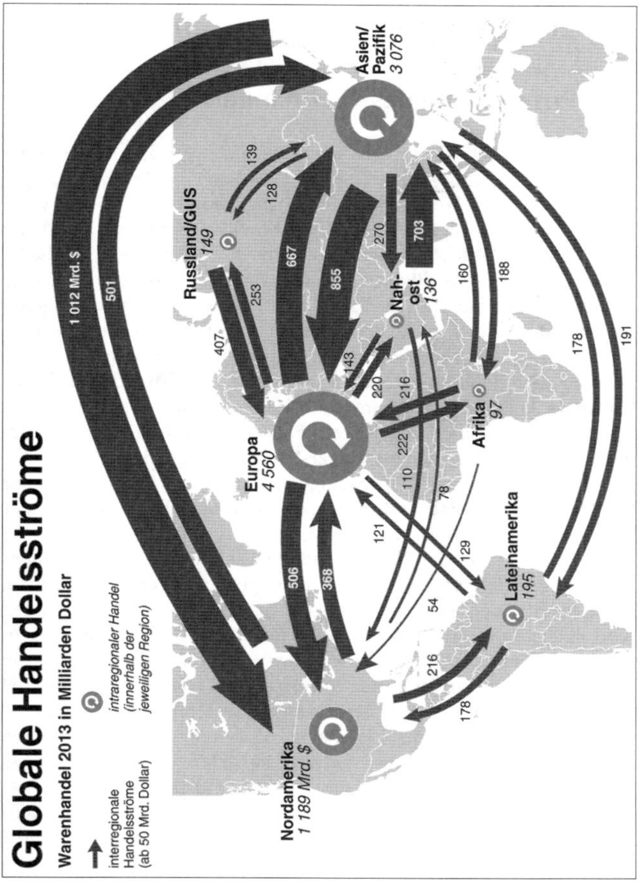

Globale Handelsströme
Warenhandel 2013 in Milliarden Dollar
interregionale Handelsströme (ab 50 Mrd. Dollar)
intraregionaler Handel (innerhalb der jeweiligen Region)
Nordamerika 1 189 Mrd. $
Europa 4 560
Russland/GUS 149
Asien/Pazifik 3 076
Nah-ost 136
Afrika 97
Lateinamerika 195
1 012 Mrd. $
501
506
368
407
253
667
855
139
128
270
703
143
220
216
222
110
78
121
129
54
160
188
178
191
216
178

2 Leitbilder der Außenwirtschaftspolitik

2.1 Entwicklung des Welthandels

Geschlossene Volkswirtschaften hat es wohl nie gegeben. Schon in der Antike wurde im Mittelmeerraum mit Gewürzen und Edelmetallen gehandelt. Der Grad der Offenheit ist abhängig von der jeweiligen Wirtschaftsphilosophie und dem politischen Konfliktpotenzial der Epoche.

Im 17. und 18. Jahrhundert dominierte in Europa die Wirtschaftstheorie des **Merkantilismus**, dessen Hauptvertreter der Franzose Jean-Baptiste Colbert (1619–1683) war. Die eigene Wirtschaft sollte gestärkt, der vom Staat kontrollierte Außenhandel gefördert werden. Im Gegenzug sollte aber möglichst wenig importiert werden.

Im 19. Jahrhundert setzte sich die Theorie des **Wirtschaftsliberalismus** in Anlehnung an Smith und Ricardo im europäischen Denken durch. Mit dem daraus abgeleiteten **Freihandelspostulat** erlebte der Welthandel eine Blütezeit bis zum Ersten Weltkrieg 1914.

Mit dem Krieg, der gegenseitigen Abschottung im Gefolge der **Weltwirtschaftskrise** und dem Zweiten Weltkrieg schrumpfte der Welthandel auf einen Bruchteil von vor 1914.

Die zweite Hälfte des 20. Jahrhunderts war eine Zeit der kontinuierlichen Ausweitung der Handelsverflechtungen. Die **Weltexportquote**, d. h. der Anteil der Weltproduktion, der grenzüberschreitend gehandelt wird, stieg von rund 7 % im Jahr 1950 über 12 % 1973 auf ca. 28 % im Jahr 2012. Dieser Anstieg relativiert sich, wenn man bedenkt, dass die Quote am Vorabend des Ersten Weltkriegs bei rund 12 % lag, also bei einem Wert, der erst in den 70er-Jahren wieder erreicht worden ist.

1948 wurden mit dem Allgemeinen Zoll- und Handelsabkommen **(GATT)** die Voraussetzungen für eine allmählich wieder einsetzende Liberalisierung des Welthandels geschaffen. In multilateralen Liberalisierungsrunden sind die mengenmäßigen Handelsbeschränkungen (Kontingente) und die tarifären Handelshemmnisse (Zölle) Schritt für Schritt reduziert worden. Die Importzölle auf Industrieprodukte in Industrieländern sind durchschnittlich von etwa 40 % auf weniger als 5 % gefallen.

1995 wurde das GATT durch die Welthandelsorganisation (World Trade Organization – WTO) als UN-Sonderorganisation abgelöst. Die Leitbilder, denen sich die WTO verpflichtet fühlt, sind die Grundsätze

- der Liberalisierung,
- der Gegenseitigkeit (Reziprozität),
- der Nichtdiskriminierung oder der Meistbegünstigung.

2.2 Freihandel und Protektionismus

Die Theorie des Freihandels ist die beherrschende Idee des klassischen Wirtschaftsliberalismus. Sie beruht auf der Überzeugung, dass die Verbindung von dezentraler Planung mit dem Prinzip des Wettbewerbs und einem System von Marktpreisen nicht nur für nationale Volkswirtschaften vorteilhaft ist, sondern sich als Organisationsprinzip auch für die Weltwirtschaft bewährt. Die **Argumente für den Freihandel** lassen sich so zusammenfassen:

- Wohlstandsgewinne ergeben sich durch die Spezialisierung aufgrund komparativer Vorteile.
- Es entstehen Wohlfahrtsgewinne durch eine größere Auswahl und zunehmende Skalenerträge.
- Ein intensiver Wettbewerb verhindert Monopolbildung und beschleunigt die technologische Dynamik.
- Der Welthandel fördert den Informationsfluss weltweit und bereichert das Wissen der verschiedenen Kulturen voneinander.

Der Freihandel bietet also die Chance, alle Ressourcen der Menschen der jeweils effizientesten Verwendung zuzuführen und den Wohlstand im globalen Maßstab zu steigern.

Als **Argumente gegen den Freihandel** werden angeführt:

- Arbeitsteilung nach dem Prinzip der komparativen Kostenvorteile kann dazu führen, dass ein Land sich auf ein Produkt spezialisiert. Damit ist es von Unwägbarkeiten klimatischer Ereignisse oder schwankender Weltmarktpreise abhängig. Wenn es sich um landwirtschaftliche Produkte handelt, fixiert sich das Land anders als bei Industriegütern und Dienstleistungen auf wenig wachstumsträchtige Märkte.
- Der Verzicht auf die Herstellung von Gütern, die wichtig im existenziellen Sinn sind, kann ein Land im Krisenfall gefährden. Damit wird z. B. die Subventionierung des Kohlebergbaus begründet.
- Schrankenloser Freihandel kann zahlreiche Arbeitsplätze gefährden und die Bürger zur ständigen räumlichen und beruflichen Mobilität zwingen. Der stets umzugsbereite und flexible Arbeitnehmer existiert nur in den Wunschvorstellungen einiger Nationalökonomen.
- Der Freihandel untergräbt die mühsam errungenen Umwelt- und Sozialstandards der Industrieländer. Auf Marktversagen reagiert er mit der Verlagerung umweltzerstörender Produktionen in Entwicklungsländer. Indem er dort in Überfülle zur Verfügung stehende Arbeitskräfte einem Sozialdumping unterwirft, übt er Druck auf die Sozialstandards in den Wohlstandsgesellschaften aus.

2.3 Die Terms of Trade

In den Terms of Trade (ToT) drückt sich das Verhältnis von Export- und Importpreisen aus. Sie geben an, wie viele Güter ausgeführt werden müssen, um eine bestimmte Gütermenge einzuführen. Die ToT, genauer die **Terms of Trade auf Güterbasis**, die sog. Commodity Terms of Trade, werden errechnet als Quotient aus Preisindex der Exporte und Preisindex der Importe. Was es bedeutet, wenn sich die ToT für ein Land verschlechtern, zeigt ein Zwei-Güter-Modell: Eine Maschine kostet 100 000 €, eine Tonne Kaffee kostet 500 €. Land A verkauft die Maschine an Land B, das dafür 200 Tonnen Kaffee à 500 € liefern muss. Wenn der Preis für die Maschine auf 110 000 € steigt, der Preis für Kaffee aber konstant bleibt, kann Land A 220 Tonnen Kaffee verlangen. Die ToT für Land B haben sich verschlechtert. Die Gefahr für Entwicklungsländer, dass sie von einer Verschlechterung der ToT betroffen sind, ist deutlich. Entscheidend dafür ist die häufig einseitige Abhängigkeit vom Export weniger Produkte und damit verbunden die niedrige Angebotselastizität. Aber auch für reiche Industrieländer wie Deutschland können sich die ToT verschlechtern.

	Terms of Trade, Index (2000 = 100)						
	2007	**2008**	**2009**	**2010**	**2011**	**2012**	**2013**
ökonomisch entwickelte Staaten	99	97	100	99	97	95	96
ökonomisch sich entwickelnde Staaten	104	105	103	104	106	106	107
ökonomisch am wenigsten entwickelte Staaten	133	145	126	139	150	152	150
ökon. sich entwickelnde, stark verschuldete Staaten	132	139	133	150	160	153	149

Die Verschlechterung der ToT ist in der Regel nicht auf die Verteuerung eines einzelnen Importgutes oder die Verbilligung eines Exportgutes zurückzuführen. Da sehr viele Güter getauscht werden, muss bei der Berechnung der ToT mit Indizes gearbeitet werden. Dennoch kann sich ein einzelnes, für eine Volkswirtschaft bedeutsames Importgut negativ auf die ToT auswirken.

3 Instrumente der Außenwirtschaftspolitik

Keine Regierung kann es sich leisten, nach der reinen Lehre der Volkswirtschaft das eigene Land dem freien Welthandel völlig auszusetzen. In der Regel werden mehr oder weniger protektionistische Maßnahmen ergriffen, um Ausfuhren zu erleichtern und Einfuhren zu erschweren. Das Interesse der einheimischen Konsumenten an den weltweit angebotenen Gütern, die manchmal preiswerter oder qualitativ besser sind, wird dabei ignoriert. Staatliche Außenwirtschaftspolitik verfolgt in der Regel folgende Ziele:

- Schutz bedrohter Produktionssektoren vor ausländischer Konkurrenz;
- Ausgleich der Zahlungsbilanz;
- Erhaltung und Ausweitung von Arbeitsplätzen;
- Reduktion der Abhängigkeiten vom Weltmarkt;
- Steigerung der Einnahmen öffentlicher Kassen.

Das Arsenal der Instrumente ist reichhaltig, wobei im Folgenden die wichtigsten vorgestellt werden.

3.1 Handelshemmnisse

Tarifäre Handelshemmnisse
Sie entstehen dadurch, dass Zölle, d. h. vom Staat erhobene Abgaben beim grenzüberschreitenden Warenverkehr, auferlegt werden.

Man unterscheidet **Schutz- und Finanzzölle**. Erstere dienen der Abwehr eines ausländischen Konkurrenten im Interesse der einheimischen Wirtschaft. Letztere nutzt der Staat, um zusätzliche Einnahmen zu erzielen. Beide Motive der Zollerhebung lassen sich in der Realität kaum voneinander unterscheiden.

Die Wirkung eines Zolls ist, dass die inländische Produktion steigt, der Preis jedoch höher ist, als er sich im Falle eines ungehinderten Importes einpendeln würde. Der Gesamtkonsum sinkt. Der Staat erhält zwar Einnahmen, die inländischen Produzenten stellen mehr her. Aber die Konsumenten finanzieren dies. Die Nachfrage ist geringer, als sie es ohne den Zoll wäre. Damit entsteht ein Nettowohlfahrtsverlust.

Besonders ausgeprägt sind tarifäre Handelshemmnisse in der Landwirtschaft. In der EU werden die Bauern durch Abschöpfungen geschützt. Mittels einer Einfuhrabgabe wird der Warenpreis vom niedrigen Weltmarktniveau auf das Niveau des EU-Binnenmarkts angehoben.

Die Differenz zu diesem **Schwellenpreis** müssen die Importeure von Agrarprodukten bezahlen.

Eine weitere Möglichkeit der staatlichen Steuerung des Handels sind **Einfuhrkontingente**, d. h. mengenmäßige Beschränkungen des Importes für bestimmte Güter. So vereinbarte die EU Einfuhrbeschränkungen für bestimmte Textilkategorien mit der VR China.

Nichttarifäre Handelshemmnisse

Die Bedeutung von Zöllen ist weltweit seit dem Zweiten Weltkrieg kontinuierlich gesunken. Die Beeinflussung des Außenhandels durch nichttarifäre Methoden hat dagegen ständig zugenommen. Dazu gehören schikanöse **Formalitäten bei Grenzabfertigungen**, die **Vorgabe technischer Standards** oder Zollabwicklungen an vorgeschriebenen Zollamtsstellen, was die Funktion eines Engpasses erfüllen soll. Weitere Möglichkeiten sind **Kompensationsgeschäfte**, also die Forderung des Importlandes gegenüber dem ausländischen Lieferanten, seinerseits Waren in einer bestimmten Menge zu kaufen.

Um überhaupt auf Märkte zu gelangen, akzeptieren manche ausländischen Lieferanten **„freiwillige" Exportbeschränkungen**, die die Regierung des Importlandes verlangt. Über eine Local-Content-Klausel wird festgelegt, wie hoch der Anteil inländischer Produktion sein muss, damit ein Produkt ohne Beschränkungen Zutritt auf dem Markt erhält. So kann ein Staat bestimmen, dass ein Mindestanteil der Wertschöpfung im Inland erfolgen muss. Andernfalls drohen Strafmaßnahmen wie Strafzölle oder Nichterteilung einer Lizenz für Importeure.

Andere Mittel administrativer Handelsbeschränkungen sind Sicherheits-, Verbraucherschutz-, Umweltschutz- und Gesundheitsstandards.

3.2 Strategische Handelspolitik

Auf großes Verständnis in der öffentlichen Meinung stößt die Überlegung, eine „junge", gerade entstehende Industrie gegenüber der etablierten Konkurrenz im Ausland zu schützen, bis sie dazu in der Lage ist, sich im rauen globalen Wettbewerb zu behaupten. Vertreter dieser Strategie war im 19. Jahrhundert Friedrich List (1789–1846), der von den Vorteilen des internationalen Handels überzeugt war, die Handelsbarrieren zwischen den deutschen Kleinstaaten abbauen wollte, aber einen moderaten Zollschutz gegenüber dem übermächtigen englischen Konkurrenten im Maschinenbau und der Textilindustrie befürwortete.

Heute taucht die Forderung nach **Erziehungszöllen** im Bereich der **strategischen Handelspolitik** auf, also in einem Bereich, der für die

Zukunft eines Landes als besonders wichtig gilt. Durch direkte Subventionen, Steuererleichterungen oder Schutz vor ausländischer Konkurrenz sollen bestimmte Branchen Größen- und damit Wettbewerbsvorteile gegenüber ausländischen Produzenten erlangen. Ziel ist es, Marktanteile auf dem Weltmarkt zu gewinnen. Die Förderung von Airbus durch mehrere europäische Staaten ist ein Beispiel für diese Strategie.

Eine ähnliche Wirkung wie Exportsubventionen hat das **Dumping**. Hier geht aber die Initiative nicht vom Staat aus, sondern von den Unternehmen. Dumping stellt insofern eine räumliche Preisdifferenzierung dar, als die Unternehmen ihre Produkte auf dem ausländischen Markt billiger als im Inland anbieten. Das setzt voraus, dass die Unternehmen die Marktmacht haben, Preise festzusetzen, und der heimische Markt mit staatlicher Hilfe vor Reimporten geschützt wird. Verlierer sind die inländischen Konsumenten, welche die besondere Wettbewerbsfähigkeit der Unternehmen auf den ausländischen Märkten finanzieren, indem sie Preise zahlen, die erheblich über dem Weltmarktniveau liegen.

3.3 Argumente für eine liberale Handelspolitik

Die Bedenken der Mehrheit der Volkswirte gegen jede Art von Handelsbeschränkungen und Subventionen lassen sich so zusammenfassen:

- Subventionen fördern eine innere Dynamik der Selbsterhaltung. Am Ende kann es zu Handelskonflikten kommen. Erfahrungen zeigen, dass zeitlich befristete Hilfen zugunsten einer sog. „infant industry" auch dann noch weiter bestehen, wenn das zu schützende Baby schon ein stattliches Alter erreicht hat.
- Regierungen verfügen nicht über zuverlässige Informationen, um mit Sicherheit jene Bereiche auswählen zu können, die förderungswürdig sind. Es ist unwahrscheinlich, dass der Staat über bessere Informationen als die freien Wirtschaftssubjekte verfügt.
- Unsicher ist, ob die positiven Spill-Over-Effekte von einem geförderten Wirtschaftsbereich in andere Zweige tatsächlich eintreten.
- Auch ist nicht geklärt, warum diese Effekte vor Staatengrenzen halt machen sollen und die positiven Effekte nicht auch auf die Industrie im Ausland überschwappen können.
- Dem Argument, dass eine autarke Wirtschaft im politischen Spannungsfall eine große Sicherheit für die einheimische Bevölkerung darstellt, steht gegenüber, dass eine vielfältig verflochtene internationale Wirtschaft die größere Sicherheit gegenüber den Versuchungen nationalen Machtmissbrauchs darstellt.

4 Außenwirtschaft im Zeitalter der Globalisierung

4.1 Begriff der Globalisierung

Globalisierung bedeutet, dass

- eine zunehmende Verflechtung globaler Märkte für Güter, Dienstleistungen und Kapital stattfindet,
- die Liberalisierung und Deregulierung nationaler und regionaler Märkte voranschreitet,
- die Mobilität der Produktionsfaktoren Arbeit und Kapital, d. h. **Sachkapital** und **Portfoliokapital**, zunimmt. Portfolioinvestitionen sind z. B. Investitionen in Wertpapiere wie Aktien.

Globalisierung ist kein Zustand, sondern ein Prozess, in dem die Ausweitung der Arbeitsteilung über Ländergrenzen hinweg allmählich globale Dimensionen annimmt, dabei aber bestimmte Regionen der Welt ausspart.

Zentrale Akteure der Globalisierung sind die **Transnationalen Konzerne** (TNK). Sie übernehmen eine bedeutende Mittlerfunktion in den Außenwirtschaftsbeziehungen und verfügen über das notwendige Kapital, um weltweit operieren zu können. Zwei Drittel des Welthandels werden inzwischen von TNK abgewickelt, davon die Hälfte als konzerninterner Handel zwischen Mutter- und Tochterfirmen. Die TNK profitieren von der Herausbildung großer Ballungszentren. Gleichzeitig fördern sie diesen Prozess auch.

Globalisierung erstreckt sich nicht nur auf den Bereich der Ökonomie. Sie verändert alle Lebensbereiche, unter anderem Politik, Gesellschaft, Recht und Kultur.

4.2 Die Ursachen der Globalisierung

Im Einzelnen lassen sich folgende Bestimmungsgründe ausmachen, die nicht nur ökonomischer Natur sind:

- Die **Transportkosten** für Güter sind drastisch gesunken. In den letzten 70 Jahren haben sich die Kosten für Schifffahrt und Luftverkehr auf ein Fünftel reduziert. Wichtig in diesem Zusammenhang ist, dass die Kosten des Verkehrs, die Distanzüberwindungskosten, stärker abgenommen haben als die der Produktion.

- Der technische Fortschritt hat die **Informations- und Kommunikationskosten** stark gesenkt. Damit werden industrienahe Dienstleistungen, die vorher räumlich an das Unternehmen gebunden waren, international handelbar. Dies gilt z. B. für die Finanzbuchhaltung.
- Die **Internetökonomie** inklusive des elektronischen Handels hat einen globalen Markt entstehen lassen, der sich dem Idealbild des polypolen Marktes annähert. Alle Marktteilnehmer sind fast ohne Informationskosten über die Marktbedingungen vollständig informiert.
- Beim Portfoliokapital, vor allem bei Anlagen in Wertpapieren wie Aktien, festverzinsliche Wertpapiere sowie Investmentzertifikate, ist die internationale Mobilität besonders hoch. An den Devisenmärkten liegen die täglichen Transaktionen um ein Vielfaches über den Transfers für die Finanzierung des Außenhandels.
- Durch die Umwälzungen in den ehemals kommunistischen Ländern des Ostblocks nach 1989 wandelten sich die dortigen Zentralverwaltungswirtschaften in Marktwirtschaften und wurden damit Anbieter und Abnehmer in einem größer gewordenen Markt.
- Das Scheitern des kollektivistischen Menschenbildes in den Ländern des sog. real existierenden Sozialismus förderte einen Wandel im Leitbild der Wirtschaftspolitik, der zum Abbau von Handelshemmnissen und zum Ansehensgewinn marktwirtschaftlicher Positionen führte.
- **Zunehmende Mobilität** sorgt in weiten Teilen der Welt für die Angleichung von Lebensstilen und Wertvorstellungen. Funktionierende Märkte setzen kulturelle Verständigungsfähigkeit voraus. In islamisch geprägten Ländern führt diese Entwicklung aber vielfach zu ausgeprägter Ablehnung und einem Abgrenzungsbedürfnis.

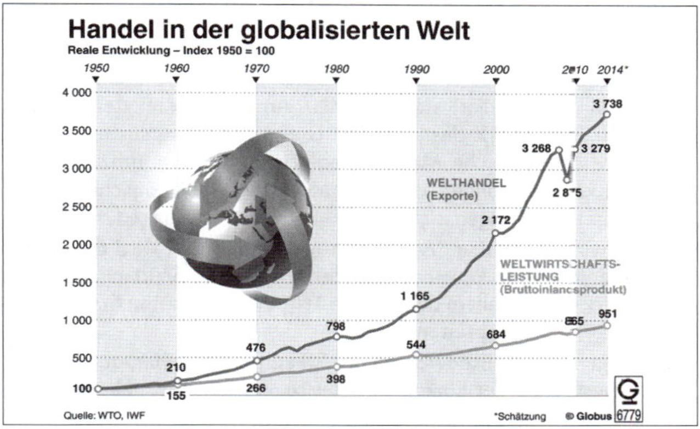

4.3 Die Folgen der Globalisierung

Während über die Ursachen der Globalisierung weitgehend Konsens besteht, gehen die Meinungen in der Einschätzung der Folgen weit auseinander. Für die meisten Ökonomen ist es unstrittig, dass die Ausweitung des internationalen Handels den Wohlstand der beteiligten Länder insgesamt erhöht, was eine zunehmende ungleiche Verteilung keineswegs ausschließen muss. Aber der globale Wettbewerb ist von einem Strukturwandel begleitet, bei dem es **Gewinner und Verlierer** gibt.

Kritiker des Globalisierungsprozesses
Gehörten nach dem Zweiten Weltkrieg zunächst die Länder der Dritten Welt zu den Kritikern einer Entwicklung, in der sie wegen der für sie oft ungünstigen Terms of Trade nur ein Instrument der Ausbeutung sahen, haben heute viele Menschen in den Industrieländern die Sorge, dass vor allem die gering Qualifizierten ihre berufliche Zukunftsperspektive verlieren. Die Kritiker des Globalisierungsprozesses, die befürchten, dass wir uns in eine **Globalisierungsfalle** hineinbewegen, heben hervor:

- Nach dem Faktor-Proportionen-Theorem geraten gering qualifizierte Arbeitskräfte der Industrieländer unter Druck, da sie direkt mit einem wachsenden, global zur Verfügung stehenden Arbeitskräftepotenzial ähnlicher Qualifikation, aber höherer Selbstgenügsamkeit konkurrieren und die Schwellenländer sich auf die Produktion arbeitsintensiv hergestellter Güter konzentrieren.
- Zunehmende Direktinvestitionen der TNK im Ausland, u. a. in Osteuropa, führen zur Verlagerung von Arbeitsplätzen ins Ausland.
- TNK können durch Fusionen und Unternehmenskäufe Märkte sichern, Kosten sparen und eine monopolähnliche Situation erreichen. Von 1990–2009 haben ca. 2 200 sog. Megafusionen mit einem Wert von je mehr als einer Milliarde US-Dollar (Gesamtvolumen mehr als 7 200 Mrd. US-Dollar) stattgefunden. Am Ende erzeugten die 100 größten TNK ca. 4 % des Welt-BIP. Unternehmen versuchen bisweilen, ihre ökonomische Macht in politischen Einfluss umzumünzen. Doch auch Regierungen kleiner Länder haben die Möglichkeit, Konzerne dazu zu zwingen, sich an ihr Rechtssystem zu halten.
- Politik wird erpressbar. Wegen der Macht der TNK wird die Staatssouveränität demokratischer Länder ausgehöhlt. Wirtschaftspolitik reduziert sich vor allem darauf, den TNK die günstigsten Standortbedingungen zu unterbreiten.
- Damit geht ein Wettbewerb in der Steuerpolitik einher, bei dem das Leistungsprinzip der Einkommensbesteuerung nicht mehr aufrechtzuerhalten ist, was die gesellschaftliche Ungleichheit erhöht.

- Die fehlende Reichweite des nationalen Staates führt dazu, dass nach dem Prinzip des Gefangenendilemmas soziale und ökologische Standards nicht mehr zu halten sind.
- Täglich werden riesige Beträge an Finanzkapital transferiert. Ziel ist es, Ertragsdifferenzen, z. B. Zinsunterschiede zwischen Währungsräumen, auszunutzen **(Arbitrage)**. Die dabei erzielten Gewinne haben sich gänzlich von den Gütermärkten abgekoppelt. Die damit verbundenen Spekulationen von Finanzinstituten können zu ihrem Zusammenbruch und zur Vernichtung der Kundeneinlagen führen.

Befürworter des Globalisierungsprozesses

Die Befürworter der Globalisierung plädieren im Gegenzug für eine rationale Wirtschaftspolitik, die einige Grundsätze berücksichtigen muss:

- Den Folgen des Faktor-Proportionen-Theorems kann in der Tat keine Volkswirtschaft entgehen, wenn sie sich nicht völlig vom Weltmarkt abkoppeln will. Der Import arbeitsintensiv hergestellter Güter aus Niedriglohnländern hat dieselbe Wirkung wie die Zuwanderung der Arbeitskräfte, die diese Produkte zu Hause herstellen. Die Gegenantwort muss eine **Produktivitätsoffensive** des Hochlohnlandes sein, die getragen wird von einer Ausbildungspolitik, die in hohem Umfang zur Bildung von Humankapital führt. Flexible Regelungen über Arbeitsentgelte und Arbeitszeiten verbessern zudem die Einsatzmöglichkeiten der Belegschaften. Schlechte Beschäftigungschancen resultieren nicht aus der Globalisierung, sondern aus Politikversagen.
- Die Globalisierung verringert die Spielräume für Umverteilung und setzt einer Sozialpolitik Grenzen. In Deutschland hat dies jedoch nicht zu einer Ellbogengesellschaft geführt. Es ist lediglich offenbar geworden, dass ein umverteilender Staat sich übernommen hat, die Treffsicherheit vieler sozialer Maßnahmen zu wünschen übrig ließ und die Anreize der Umverteilung bei den Begünstigten häufig die Suchanstrengungen nach Arbeitsplätzen zum Erlahmen brachten.
- Die Angst vor einem ruinösen Steuerwettbewerb und einer Entwicklung, die als „Race to the Bottom" der Steuereinnahmen bezeichnet wird, ist unbegründet, wenn sich staatliche Stellen ernsthaft die Frage stellen, welche Gegenleistungen die Steuerzahler für ihre eigenen Steuerleistungen erhalten. Mit den Kapitalströmen kommen auch steuerzahlungswillige Menschen, wenn ihnen gleichwertige Gegenleistungen in Form von attraktiven Lebensbedingungen, einer guten Infrastruktur und einer hohen Umweltqualität geboten werden.
- Zeitweilig mag der Eindruck entstehen, die Finanzmärkte führten ein Eigenleben, das mit realwirtschaftlichen Daten nichts mehr zu tun

habe. Zwischen monetärer und realer Ökonomie bestehe kein Zusammenhang mehr.

Ähnlich turbulent verlaufen dann auch oft die Korrekturen, bei denen ein Herdenverhalten der Beteiligten zu erkennen ist. Den Turbulenzen liegen grundsätzlich harte ökonomische Fakten zugrunde: eine zu hohe Inflation, übertriebene Haushaltsdefizite, große Leistungsbilanzdefizite, „faule", d. h. nicht abgesicherte Kredite der großen Banken, eine uneffiziente Bankenaufsicht und viel Spekulation.

Nachdem die Finanzmärkte die Risiken bewertet haben, orientieren sie sich recht schnell wieder an den ökonomischen Fundamentalfaktoren. Finanzturbulenzen sind Vertrauenskrisen, in denen ökonomische Illusionen wieder auf den Boden der wirtschaftlichen Tatsachen zurückgeholt werden.

Die Globalisierung hat die Politik nicht zur Ohnmacht verurteilt. Aber sie übt eine gewisse Disziplin auf die Regierungen aus, die nur mit einer guten Ordnungspolitik für die geeigneten Rahmenbedingungen sorgen können. In Wahlkämpfen eignet sich die Globalisierung häufig in der Rolle des Sündenbocks, um gewünschte Wählerbewegungen herbeizuführen. Im politischen Alltag aber ist sie ein Maßstab, an dem der Unterschied zwischen Populismus und Verantwortungsethik deutlich wird.

4.4 Institutionen der Weltwirtschaft

Die Welthandelsorganisation (WTO)

Die **WTO (World Trade Organization)** mit Sitz in Genf ist eine eigenständige internationale Organisation von derzeit 161 Mitgliedern mit einem wirksamen Streitschlichtungsverfahren. Als einzige international anerkannte Vertragsinstitution vermag sie Regeln im Welthandel festzulegen. 2001 wurde unter ihrer Leitung in Doha, der Hauptstadt Katars, die neunte Welthandelsrunde eingeleitet. Die **Doha-Runde** soll die Liberalisierung des Waren- und Dienstleistungssektors vorantreiben, das multilaterale Regelwerk verbessern und ausbauen sowie insbesondere Fairness gegenüber Entwicklungsländern gewährleisten.

Der Kern der WTO bleiben die Regelungen des GATT, ergänzt um Regelungen für den Handel mit Dienstleistungen (General Agreement on Trade in Services – **GATS**) und zum Schutz des geistigen Eigentums (Trade-related Aspects of Intellectual Property Rights – **TRIPS**).

Die Hauptorgane der WTO sind die Ministerkonferenz (das höchste Organ, das mindestens alle zwei Jahre tagt, 2015 in Nairobi), der Allgemeine Rat (er tagt mehrmals im Jahr in Genf zur Überwachung der

Handelspolitiken und zur Streitschlichtung) und die Räte von GATT, GATS und TRIPS.

Die Welthandelsorganisation

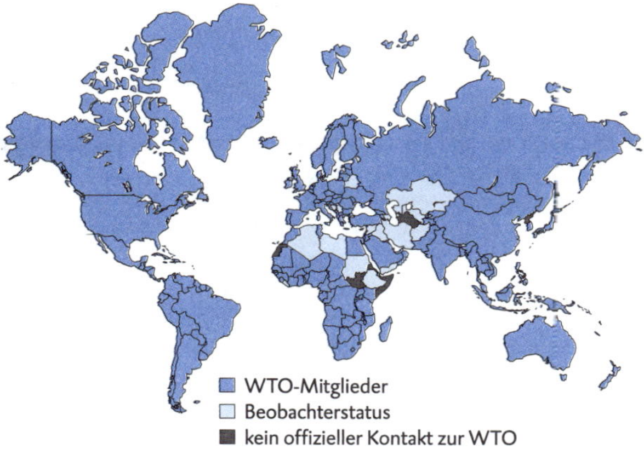

Der Internationale Währungsfonds (IMF)

Der **IMF (International Monetary Fund)** mit Sitz in Washington D. C. wurde 1944 in Bretton Woods gegründet. Er ist heute eine Organisation von 188 Ländern und setzt sich in seinem Selbstverständnis zum Ziel, die globale Währungskooperation zu stärken, die Finanzstabilität zu sichern, den internationalen Handel zu erleichtern, einen hohen Beschäftigungsgrad und ein nachhaltiges Wirtschaftswachstum zu fördern sowie Armut zu bekämpfen.

Zum Ausgleich von Zahlungsbilanzdefiziten vergibt der IMF Kredite, die von Entwicklungs- und Schwellenländern in Anspruch genommen werden. Auch bei der Bekämpfung der Eurokrise spielt er eine wichtige Rolle, da er einen Teil der Kredite für die besonders verschuldeten Euro-Staaten Griechenland, Portugal und Irland zur Verfügung stellte. Neben der EU-Kommission und der EZB ist er Teil der sog. Schuldner-Troika, welche die Situation der Schuldnerstaaten regelmäßig kontrolliert. Wie bei den Entwicklungsländern nimmt er durchaus politischen Einfluss auf die Wirtschaftspolitik seiner „Klienten“, etwa auf das System von Steuern, Preisen, Eigentumsformen und den Umfang staatlicher Verwaltung.

Die Weltbank

Wie der IMF ist auch die **Weltbank** 1944 in Bretton Woods gegründet worden. Sie hat ihren Sitz in Washington D. C. und umfasst die folgenden fünf Organisationen:

- Internationale Bank für Wiederaufbau und Entwicklung (International Bank for Reconstruction and Development – IBRD; auch: World Bank);
- Internationale Entwicklungsorganisation (International Development Association – IDA);
- Internationale Finanz-Corporation (International Finance Corporation – IFC);
- Multilaterale Investitions-Garantie-Agentur (Multilateral Investment Guarantee Agency – MIGA);
- Internationales Zentrum für die Beilegung von Investitionsstreitigkeiten (International Center for Settlement of Investment Disputes – ICSID).

Die Weltbank vergibt ihre Kredite zu recht harten Konditionen, die nur wenig unter den Kapitalmarktzinsen liegen. Sie finanziert überwiegend einzelne Projekte, die sehr sorgfältig untersucht werden, bevor die Kredite zur Verfügung gestellt werden.

NGOs – neue Akteure globaler Politik

Globalisierung bedeutet, dass die regelungsbedürftigen Probleme die nationalen Grenzen häufig überschreiten, das Regieren aber auf den nationalen Handlungsrahmen beschränkt bleibt. Manche Beobachter internationaler Prozesse sprechen deshalb von einer anarchischen Struktur. Eine Weltregierung würde aus normativen und praktischen Gründen keine befriedigende Lösung darstellen. Die offiziellen internationalen Organisationen vermögen das Vakuum nicht auszufüllen. Wird in Alternativen gedacht, ist oft von **global governance** die Rede.

Eine immer wichtigere Rolle fällt den souveränitätsfreien Akteuren zu, den **Nichtregierungsorganisationen** (NGOs, Non-Governmental Organizations). Sie fungieren als Sensoren der Gesellschaft, greifen sehr früh wichtige Themen auf und üben Reformdruck auf die Nationalstaaten aus. Mitglieder der NGOs sind für die Vertreter der nationalen Regierungen häufig zu wichtigen Experten in Sachfragen geworden.

Jenseits der großen Kampagnen, die vor allem im Wirken von **Attac**, einer die Globalisierung heftig attackierenden NGO, sichtbar geworden sind, rekrutieren sich aus den Reihen dieser Organisationen häufig jene Personen, die mit Regierungsstellen eine effektive und legitime Problemregelung erarbeiten. So entstehen Netzwerke, die einen erweiterten Begriff von Souveränitätsrechten erforderlich machen.

5 Internationale Finanzmärkte

5.1 Wechselkurs und Devisenmarkt

Im Gegensatz zum Binnenhandel fallen beim internationalen Handel Aufwendungen und Erlöse in unterschiedlichen Währungen an. Der Tausch von Gütern und Dienstleistungen kann nur problemlos erfolgen, wenn auch die Währungen der beteiligten Länder getauscht werden können, also konvertibel sind.

Am Devisenmarkt, dem Markt für ausländische Zahlungsmittel, bilden sich durch Angebot und Nachfrage Umtauschkurse, sog. **Wechselkurse**. Ein Wechselkurs ist der Preis einer Einheit ausländischer Währung, ausgedrückt in inländischen Währungseinheiten. So kostete am 14.8.2006 1 US-$ = 0,78653 €. Da hier notiert wird, welcher Preis für eine fremde Währung zu zahlen ist, spricht man von **Preisnotierung**. In den angelsächsischen Ländern wird umgekehrt der Wert der eigenen Währung in ausländischer Währung ausgedrückt. Am selben Tag erhielt man für einen Euro 1,27241 US-$. Hier erfährt man den Außenwert des Euro, man spricht von **Mengennotierung**, da darauf abgehoben wird, welche Menge an fremder Währung man für einen Euro erhält.

Wichtig ist die Unterscheidung zwischen dem nominalen und dem realen Wechselkurs. Der **nominale Wechselkurs e** bezeichnet das Austauschverhältnis zwischen zwei Währungen, d. h. den Preis einer Währung, ausgedrückt in Einheiten einer anderen Währung: 1 $ = e € Preisnotierung.

Der **reale Wechselkurs e_r** bezeichnet das in heimischer Währung ausgedrückte Preisverhältnis zwischen ausländischen und inländischen Gütern:

$$e_r = \frac{e \cdot P_a}{P_i}$$

Dabei ist P_a das Preisniveau im Ausland in Auslandswährung und P_i das Preisniveau im Inland in Inlandswährung.

Der reale Wechselkurs ist ein Gradmesser für die Wettbewerbsfähigkeit der heimischen Wirtschaft, bezogen auf das Ausland.

Steigt der reale Wechselkurs, dann werden Auslandsgüter im Verhältnis zu Inlandsgütern teurer. Die durchschnittliche Wettbewerbsfähigkeit der inländischen Unternehmen steigt. Die inländische Währung wird abgewertet.

5.2 Wechselkurs und Außenhandel

Verändern sich Wechselkurse, hat dies Auswirkungen auf den internationalen Handel. Eine Aufwertung des Euro bedeutet für Exporte aus Deutschland, dass die Güter für den Importeur in den USA teurer werden. Er muss mehr Dollar als vor der Aufwertung aufwenden. Dies wirkt sich negativ für die deutsche Exportindustrie aus. Im Gegenzug werden Importe nach Deutschland billiger. Wichtig ist die Feststellung, dass die Wechselkursentwicklung die Wettbewerbsposition einer Nationalökonomie stark beeinflusst.

Gründe der Wechselkursschwankungen

Für das Schwanken der Wechselkurse gibt es drei Gründe:

- Der klassische Erklärungsansatz setzt an den Preisen international gehandelter Güter an. Wenn ein Chemieerzeugnis zum jetzigen Wechselkurs billiger als in den USA ist, werden amerikanische Interessenten das Gut aus Deutschland importieren und am Devisenmarkt, um das Gut bezahlen zu können, Euro nachfragen. Die wachsende Nachfrage nach Euro steigert dessen Wert, d. h. seinen Wechselkurs. Setzen sich die Käufe fort, steigt der Wechselkurs immer weiter und das in Deutschland hergestellte Chemieprodukt wird für die amerikanischen Nachfrager immer teurer. Ihr Interesse am Kauf des deutschen Gutes wird solange bestehen bleiben, bis der Wechselkurs des Euro sich auf der Höhe eingependelt hat, dass der Preis des deutschen Gutes dem in den USA hergestellten entspricht.
  Nach dieser **Theorie der Kaufkraftparität (KKP)** nimmt der Wechselkurs den Wert an, bei dem die Kaufkraft der verschiedenen Währungen gleich ist. Das bedeutet, dass man im Ausland ebenso viele Güter kaufen kann wie im Inland, wenn man die eigene Währung gegen die ausländische getauscht hat.
- Weltweite Kapitalströme, die in ihrem wertmäßigen Umfang Güterströme in den vergangenen Jahren weit übertroffen haben, werden bei der KKP nicht berücksichtigt. Geld fließt aus Kapitalanlagen im Ausland, z. B. Aktien und Obligationen, als Dividenden und Zinsen zurück. Europäer kaufen ausländische Wertpapiere. Dasselbe geschieht auch in umgekehrter Richtung. International ausgerichtete Anleger, Versicherungen, Investmentfonds, Privatanleger legen ihr Geld dort an, wo sie sich den höchsten Ertrag, die höchsten Zinsen versprechen (Zinsarbitrage). Steigen z. B. die Zinsen in den USA, werden auf den Devisenmärkten verstärkt Dollar nachgefragt, was zu einem Anstieg des Wechselkurses dieser Währung und damit zu einer Euro-Abwertung bzw. Dollar-Aufwertung führt. Für Anleger aus

Euroland macht der gestiegene Wechselkurs des Dollar in zunehmendem Maße die Nutzung von Zinsvorteilen unattraktiv. Auf der unsteten Suche nach günstigen Geldanlagen schichten die Gewinn maximierenden Anleger ihre Wertpapieranlagen so lange um, bis die Renditen für Anlagen im In- und Ausland gleich hoch sind. Dies führt in der Tendenz zu einer weltweiten **Angleichung der Zinssätze**.

- Unübersehbar sind kurzfristige, oft heftige Ausschläge der Wechselkurse. Nicht harte ökonomische Fakten spielen hier eine Rolle, sondern **psychologische Faktoren**. Kauf- und Verkaufsentscheidungen beruhen auf Erwartungen zukünftiger Entwicklungen, die begleitet werden von genauen Beobachtungen der anderen Marktteilnehmer. Der Wechselkurs reagiert auf politische Ereignisse, aber auch auf Erwartungen, bezogen auf wirtschaftliche Entwicklungen. Dies führt zur Spekulation und im Krisenfall zu einer Massenflucht der Anleger, die ebenso irrational sein kann wie die Gründe der überzogenen Nachfrage nach dieser Anlage.

Wechselkursschwankungen bleiben nicht ohne Auswirkungen auf Betroffene, die der Entwicklung ohnmächtig gegenüberstehen.

In einer Phase, in der der Dollarkurs gegenüber dem Euro zu hoch ist, überschwemmen Importe aus Euroland den amerikanischen Markt und treiben US-Firmen in den Ruin. Die europäische Gesamtnachfrage könnte überhitzen, sodass in Europa das Produktionspotenzial überschritten wird mit negativen Auswirkungen für die Preisstabilität.

5.3 Wechselkurspolitik

Nach der Art und Weise, wie sich Zentralbanken gegenüber den Bewegungen der Wechselkurse verhalten, unterscheidet man drei Währungssysteme:

- **Frei floatendes Wechselkurssystem:** Die Wechselkursbildung dieses Systems freier Wechselkurse ist ausschließlich dem Markt überlassen. Die ungehinderte Kursentwicklung der Währung führt zu ständigen Auf- und Abwertungen mit den oben genannten Folgen für den Im- und Export. Die frei floatenden Wechselkurse der USA und Englands von 1980–1985 sind ein Beispiel für dieses System. Flexible Wechselkurse unterstützen die Selbstständigkeit der Zentralbank.
- **Gelenktes Wechselkurssystem:** Die Zentralbank lässt die Währung zwar floaten, überlässt den Wechselkurs in der Höhe aber nicht der Beliebigkeit. Die Notenbank Kanadas erhöht z. B. das Geldangebot, wenn der Wert des kanadischen gegenüber dem amerikanischen

Dollar über eine bestimmte Grenze steigt. Ebenso handelt auch die schweizerische Notenbank gegenüber dem Euro. Sie würde die Geldmenge an Schweizer Franken verknappen, wenn der Wert der Währung, also ihr Wechselkurs, gegenüber dem Euro zu stark fiele.

- **Festes Wechselkurssystem:** Das bedeutet, dass ein Land einen bestimmten Wechselkurs garantiert, indem die Notenbanken gegebenenfalls intervenieren, um den Wechselkurs mit dem Gleichgewichtswechselkurs des Devisenmarktes in Übereinstimmung zu bringen. Ein Beispiel ist Hongkong, das seit 1983 dafür garantiert, dass der Hongkong-Dollar zu einem Umtauschkurs von 7,8 HKD je US-$ an die amerikanische Währung gekoppelt ist. Seit 2005 ist diese Koppelung etwas gelockert, sodass die Währung leicht um diesen Wert floaten darf.
  Die letzte Konsequenz dieses Systems ist eine **Währungsunion**. Zwölf europäische Länder, die in den 90er-Jahren eine vergleichbare Inflationsrate und geringe Wechselkursänderungen untereinander hatten, schlossen sich am 1. 1. 1999 zur Währungsunion zusammen. In diesem Währungsraum mit unwiderruflich festen Wechselkursen geht der nationale Wechselkurs als wirtschaftspolitisches Anpassungsinstrument verloren. Eine nationale Geldpolitik ist unmöglich geworden.

5.4 Die Entwicklung der Finanzmärkte

Auf den Finanzmärkten findet Handel mit Kapital in Form von Geld, Wertpapieren und weiteren Finanzkontrakten statt. Zwischen die ursprünglichen Kapitalanbieter und -nachfrager haben sich immer häufiger **Kapitalanlagegesellschaften** geschoben, sog. Investmentfonds. Sie kaufen Wertpapiere, z. B. Aktien unterschiedlicher Unternehmen. Auf diesen „Korb" geben sie Zertifikate aus. Damit wird das Risiko auf mehrere Wertpapiere gestreut. Investmentfonds, spezialisiert auf bestimmte Branchen oder Weltregionen, geben dem Anleger die Wahlmöglichkeit unterschiedlich gestaffelter Risiken.

Der Derivatemarkt

Der Derivatemarkt ist die jüngste Kreation der Finanzmärkte, entstanden in den 80er-Jahren und seitdem das am stürmischsten gewachsene Segment des modernen Finanzwesens. **Derivate** sind Finanzprodukte, die, wie der Name schon sagt, abgeleitet sind, und zwar vom Basiswert anderer Finanzanlagen. Dabei handelt es sich um Termingeschäfte, die in standardisierter Form über Börsen oder in nicht-standardisierter

Form (over the counter, OTC) gehandelt werden. Drei Gruppen von Derivaten kann man unterscheiden:

- **Swaps:** Es handelt sich um Vereinbarungen über den Tausch von Vermögenswerten oder Zahlungsverpflichtungen mit dem Ziel, z. B. von den Kostenvorteilen des Partners zu profitieren.
- **Optionen:** Der Käufer einer Option erwirbt das Recht, ein bestimmtes Gut zu einem späteren Zeitpunkt zu einem festgelegten Preis zu kaufen oder zu verkaufen. Eine Option ist ein bedingtes Termingeschäft, bei dem der Käufer das Recht erhält, aber nicht in der Pflicht steht, das Geschäft auszuüben.
- **Futures:** Hier handelt es sich um ein unbedingtes Termingeschäft, das einen Handel zu einem festgelegten Zeitpunkt und Preis zwingend vorschreibt. Durch Futures sichert sich der Käufer den Preis, zu dem er den Basiswert später beziehen wird und der Verkäufer den Preis, zu dem er den Basiswert später liefern wird.

Der Anreiz des Erwerbs solcher Derivate kann darin bestehen, mit einem relativ geringen Kapitaleinsatz von der Kursentwicklung des Basisproduktes überproportional zu profitieren. Derivate verfügen also über einen Hebeleffekt (leverage), der eine besonders hohe Rendite ermöglichen kann, aber auch mit einem höheren Risiko behaftet ist. Darüber hinaus finden Derivate z. B. zur Absicherung gegen Wechselkursrisiken oder Preisschwankungen bei Rohstoffen Verwendung.

Zunächst hatte sich der Handel mit Finanzderivaten vor allem auf Aktien- und Rohstoffmärkte bezogen, danach auf Zinsänderungsrisiken und Wechselkursschwankungen ausgeweitet. Ein geradezu explodierendes Segment wurden zuletzt die Kreditderivate, mit deren Hilfe die Kreditrisiken vom eigentlichen Kreditgeschäft losgelöst und als sog. CDS (Credit default swaps) handelbar wurden. Für die Banken hatte dies den Vorteil, dass die Kredite in ihren internen Bilanzen nicht mehr auftauchten und die Banken so die Gelegenheit erhielten, Kredite in fast unbegrenztem Ausmaß zu vergeben.

Derivate haben sich seit den 90er-Jahren schneller entwickelt als alle anderen Finanzinstrumente. In jenem Jahrzehnt nahm ihr Bestand um das Zehnfache zu, die der börsengehandelten Derivate um den Faktor 6, die der außerbörslich Gehandelten um das 15-Fache. Diese Entwicklung setzte sich danach weiter fort: 2014 haben OTC-Derivate ein Volumen von 630 Bio. Dollar erreicht, das Sechseinhalbfache des Wertes des Jahres 2000, als sie sich noch auf ein Volumen von 95 Bio. Dollar beliefen. Ähnlich stürmisch, wenngleich auf niedrigerem Niveau, verlief die Entwicklung der börsengehandelten Derivate.

Hedgefonds – Fonds mit großer Hebelwirkung

Hedgefonds sind Personenunternehmen, deren Teilhaber, häufig institutionelle Investoren wie Investmentfonds oder Versicherungen, in der Regel mit hohem Investitionsvolumen spekulieren. Sie unterliegen im Gegensatz zu normalen Investmentfonds keinerlei Anlagerichtlinien und nutzen alle Möglichkeiten der Kapitalanlage. Hedgefonds ermöglichen sehr hohe Renditen, aber bergen auch ein entsprechendes Risiko. Herkömmliche Investmentfonds investieren in Aktien und Anleihen. Hedgefonds investieren darüber hinaus vor allem in Währungen und Rohstoffe. In der Praxis steht der Begriff Hedge für die Risikoabsicherung von Wertpapiergeschäften über den Terminmarkt. Allerdings haben Hedgefonds nichts mit „to hedge“ (engl.) in der Bedeutung von „absichern“ zu tun.

Leerverkäufe sind ein typisches Beispiel für die hochspekulativen Geschäfte der Hedgefonds. In Erwartung des Kursverfalls eines Wertpapiers leiht sich der Fondsmanager die entsprechenden Wertpapiere von einem Eigentümer gegen eine gewisse Verzinsung aus und verkauft sie an der Börse zum aktuellen Kurs. Zu einem späteren Zeitpunkt erwirbt er diese Aktien an der Börse zurück und liefert sie wieder ins Depot des Eigentümers. Sind die Kurse erwartungsgemäß gefallen, so ist die Differenz zwischen Verkaufs- und Wiederbeschaffungskurs abzüglich der Zinsen für das Entleihen der Gewinn des Hedgefonds. Leerverkäufe können mit den verschiedensten Finanzinstrumenten aller Märkte (Aktien, Anleihen, Währungen, Rohstoffe und/oder entsprechende Derivate) durchgeführt werden.

Der **Hebeleffekt** besteht darin, dass Hedgefonds Kredite aufnehmen und diese für Finanzgeschäfte nutzen, die weit über das in den Fonds eingezahlte Eigenkapital hinausgehen. Solange die Rendite aus dem Geschäft höher als die Verzinsung des geliehenen Kapitals ist, macht der Fonds Gewinn. Bezogen auf sein Eigenkapital kann dieser Gewinn überproportional hoch sein. Ist die Rendite jedoch geringer als der Zins, da der Kurs der Aktie geringer als erwartet gefallen ist, oder die Aktie wider Erwarten gar im Kurs gestiegen ist und ihr Rückkauf teurer als ihr Verkauf kommt, ist der Verlust des Fonds überproportional hoch. Bei ungünstiger Marktentwicklung kann der Hebeleffekt schließlich gar zum Zusammenbruch des Fonds und zum Totalverlust des eingesetzten Kapitals führen.

Einer der spektakulärsten Crashs eines Hedgefonds betraf 1998 die Long Term Capital Management (LTCM). Der Fonds wurde 1994 von hoch angesehenen Managern und Finanzmarktexperten gegründet, unter ihnen zwei Gewinner des Nobelpreises für Wirtschaftswissenschaften. Gearbeitet wurde mit extremen Hebeln. Bei einem Eigenkapital von 4,72 Mrd. US-$ betrug das Fremdkapital 124,5 Mrd. US-$. Mit diesem Einsatz bewegte der Fonds durch Derivate Positionen im Wert von 1,25 Bio. US-$. Nachdem die Fondsmanager fälschlicherweise auf sinkende Zinsen in Russland spekuliert und mehrere Milliarden Dollar verloren hatten, hatte der Kollaps des Fonds schon 1998 fast zu einer Systemkrise geführt.

5.5 Die Finanzkrise

Im Herbst 2008 drohte dem globalen Finanzsystem der Zusammenbruch. Die amerikanische Investmentbank Lehmann Brothers meldete am 15. 9. 2008, der als schwarzer Montag in die Finanzgeschichte eingeht, Insolvenz an und löste eine beispiellose Panikwelle auf den internationalen Finanzmärkten aus. Der Geldfluss kam zum Erliegen, die Kreditinstitute liehen sich gegenseitig kaum noch Geld.

Mitte Oktober legten die Finanzminister und Notenbankchefs der G7-Staaten Leitlinien eines gemeinsamen Rettungsplans vor. Die Bundesregierung beschloss für die angeschlagene Finanzbranche ein Rettungspaket: 400 Mrd. € als Garantie und 100 Mrd. € als Eigenkapitalspritze für die Banken wurden zur Verfügung gestellt.

Ursachen der Krise

Der Ausgangspunkt der Krise liegt in den USA, für die vor der Krise eine **sehr niedrige Sparquote** charakteristisch war. Über ihre Verhältnisse lebende Privathaushalte und ein Schulden machender Staat waren auf Kapitalimporte aus Ländern wie Deutschland, Japan, China und den OPEC-Staaten angewiesen. Im Gegenzug erhielten diese Länder amerikanische Wertpapiere, mit Vorliebe verbriefte Ansprüche gegen amerikanische Immobilieneigentümer, welche von den dortigen Banken aus ihren Bilanzen entfernt und an Kunden in Europa und Asien verkauft worden waren, u. a. an Landesbanken in Deutschland.

Ein über Jahre hinweg **niedriger Zinssatz** von rund einem Prozent hatte in den USA eine Immobilienkonjunktur mit ständig steigenden Häuserpreisen erzeugt. Banken verzichteten weitgehend auf die Überprüfung der Kreditwürdigkeit der Schuldner, da sie einerseits eine gewisse Sicherheit in der laufenden Preissteigerung der Immobilien sahen, andererseits in der Verbriefung der Ansprüche gegenüber den Schuldnern, der Bündelung dieser Ansprüche zu Subprime-Papieren und ihrem weltweiten Verkauf Möglichkeiten der eigenen Haftungseinschränkung entdeckten. Auch die Käufer machten sich selten Illusionen über die Bonität der Papiere. Sie verbrieften sie erneut in veränderten Bündeln und schufen die sog. CDO (Collateralized Debt Obligations). Manche Papiere hatten am Ende 40 Mischvorgänge hinter sich. Es entstand ein Bündel von Ansprüchen, die niemand mehr durchschaute.

Bedingt durch steigende Zinsen endete 2006 der Immobilienboom. Zahlreiche Hausbesitzer konnten ihre Hypotheken nicht mehr bedienen. Ab Mitte 2007 erlebten auch die auf Immobilienkrediten basierenden Papiere einen drastischen Preisverfall. Der IWF schätzte im Oktober 2009, dass die Banken der USA, der Eurozone, Großbritanniens und Japans etwa 3,4 Bio. Dollar verloren haben. Bisher hatten sie jedoch erst 1,6 Bio. Dollar Abschreibungen ausgewiesen. Die Differenz war ihnen seitdem Grund genug, in den Bilanzen der jeweils anderen Banken noch viele sog. faule Kredite und Papiere zu vermuten und sich weiterhin gegenseitig keine Kredite zu gewähren. Die meisten Banken waren nicht an der Annahme einer Erhöhung des Eigenkapitals durch staatliche Hilfen interessiert, da in der Folge Vertreter der Behörden in den Aufsichtsräten ein Mitspracherecht gehabt hätten und Managergehälter gekappt worden wären. Deshalb zogen die Vertreter der Banken es vor, ihre Bilanzen wieder in Ordnung zu bringen, indem sie ihr Aktivgeschäft zurückfuhren. Als **Kreditklemme** vermittelte sich dieses Problem den Unternehmen. Damit war die Finanzkrise auch in der Realwirtschaft angekommen.

Die Folgen der Finanzkrise

Als Folge der Finanzkrise wurden an erster Stelle Forderungen nach Maßnahmen laut, die derartige Entwicklungen in Zukunft verhindern sollten. So besteht beispielsweise seit 2011 eine europäische Bankenaufsichtsbehörde mit Sitz in London, zu deren Aufgaben die Normsetzung für die nationalen Aufsichtsbehörden zählt.

Das EU-Parlament verabschiedete im April 2014 einheitliche Regeln zur Abwicklung und Sanierung von Banken. Damit war nach rund fünf Jahren Verhandlungen die sogenannte **Bankenunion** geschaffen. Ziel dieser Bankenunion ist es, künftig Finanzkrisen wie die von 2008/2009 zu vermieden. Somit übernahm die Europäische Zentralbank die Aufsicht über die rund 120 größten europäischen Banken.

Außerdem folgten neuen Eigenkapitalregeln, auch **Basel III** genannt, die Lehren aus der Finanzmarktkrise zogen und zum Ziel haben, dass Banken sich im Krisenfall aus eigener Kraft stabilisieren und retten können.

In der EU wurden zudem mit der EU-Rating-Verordnung regulatorische Grundsteine für eine staatliche Aufsicht über Kreditratingagenturen gelegt. Die EU-Rating-Verordnung enthält umfangreiche Vorschriften zur inneren Organisation einer Ratingagentur, die potenzielle Interessenkonflikte vermeiden sollen. Auch in den USA gibt es ähnliche Herangehensweisen.

Versuche, eine Wiederholung der Krise durch moralisierende Appelle zu vermeiden, z. B. das Beklagen der „Gier" der Manager, sind erfolglos. Zielführender ist der Verweis auf den Herdentrieb, auf jene weitverbreitete Neigung von Menschen, denen zu folgen, die erfolgreich sind. Diese Bereitschaft, die noch wirkte, als in den Banken die Skepsis schon überwog, verdeutlicht, dass vom institutionellen Finanzsystem falsche Signale ausgingen, also ein **Marktversagen des Finanzsystems** vorlag, verstärkt noch durch **Staatsversagen**, das z. B. in der Niedrigzinspolitik der amerikanischen Zentralbank zum Ausdruck kam. Die Veränderungen müssen ansetzen am Orientierungsrahmen, in dem Finanzwirtschaft im Zeitalter der Globalisierung stattfindet.

5.6 Die Eurokrise

Die Ursachen der Krise

Die tieferen Ursachen der sog. Eurokrise liegen nicht in der Finanzkrise, die ihr zeitlich vorausgegangen war, sondern in **großen makroökonomischen Ungleichgewichten**, die sich seit Beginn der Währungsunion aufgebaut haben. Mit der Euro-Einführung in Griechenland, Irland, Portugal und Spanien (GIPS-Länder) sank das Zinsniveau in diesen Ländern drastisch und passte sich dem traditionell niedrigeren deutschen Zinsniveau an. Der Grund: Die im Vergleich zu Deutschland historisch lockere Geldpolitik hatte immer wieder Abwertungen der nationalen Währungen erfordert. Mit der Aufgabe der eigenen Währung verschwand für Anleger das Risiko von Wechselkursanpassungen.

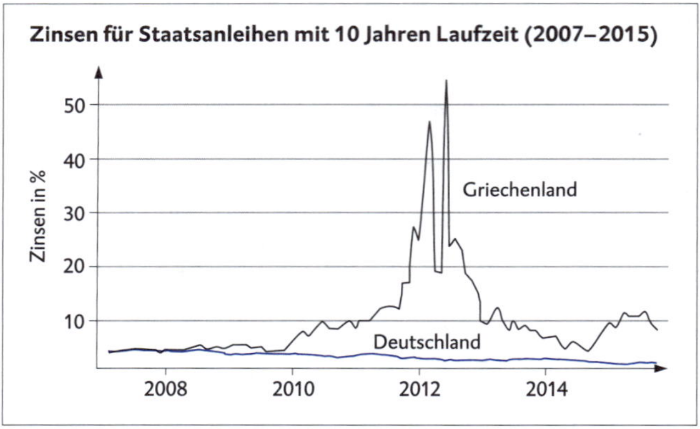

Für die Volkswirtschaften der GIPS-Länder wirkte sich dies sehr stimulierend auf die Inlandsnachfrage, die Lohn- und Preisentwicklung sowie auf die Ausdehnung der Staatshaushalte aus. Die wirtschaftliche Boom-Periode im Zeitraum von 2000–2007 mit Wachstumsraten in der Größenordnung der Zuwächse von Schwellenländern hatte ihre Ursache nicht in einer Verbesserung der Wettbewerbsfähigkeit, sondern war Ausdruck einer künstlichen Übertreibung.

Die weltweite Finanzkrise traf die GIPS-Länder besonders hart. Ihre in den vorausgegangenen Jahren ungünstige wirtschaftliche Entwicklung und die unkontrolliert wachsende Staatsverschuldung führten auf den Finanzmärkten zu einem schlagartigen Vertrauensverlust. Die **Zinsaufschläge auf Staatsanleihen**, d. h. die Risikoprämien für Anleger, stiegen rapide. Ein großer Teil der Schulden wurde von Banken in den Überschussländern der Eurozone gehalten. Die hohen Schuldenstände der GIPS-Länder bei den Banken sind das Gegenstück zu ihren in den Jahren aufgehäuften Leistungsbilanzdefiziten. Die Banken, die große Bestände an Staatspapieren hielten, mussten eine Wiederholung der Finanzkrise befürchten. Statt eines Wertverlustes auf „toxische Papiere“ drohte nunmehr ein solcher auf Staatsanleihen.

Inzwischen sind die Zinsen der Staatsanleihen wieder gesunken, in Deutschland sogar auf ein historisches Tief. Somit profitieren Käufer von deutschen Staatsanleihen kaum noch.

Die Bekämpfung der Krise

Die Eurokrise ist eine Verschuldungskrise. Einige Mitgliedstaaten, vor allem Griechenland, waren nicht mehr in der Lage, ihren Zahlungsverpflichtungen nachzukommen und waren somit auf die Unterstützung der Partner aus dem Euroraum, der EZB und des IWF angewiesen.

In mehreren EU-Verträgen, zuletzt im Vertrag von Lissabon, ist die **No-Bailout-Klausel**, die Nichtbeistands-Klausel, verankert. Sie schließt die Haftung der EU sowie aller Mitgliedstaaten für Verbindlichkeiten einzelner Mitgliedstaaten aus. Sie war eigeführt worden, um EU-Staaten zur Haushaltsdisziplin zu zwingen. Sie sollten nicht darauf hoffen können, bei unsolider Haushaltsführung durch andere Mitgliedstaaten unterstützt zu werden. Damit sollte das Problem des „moral hazard" eingeschränkt werden, das immer dann auftritt, wenn leichtfertiges Verhalten geradezu gefördert wird, da die negativen Folgen eines Schadensrisikos auf andere abgewälzt werden können. Doch die Angst vor einer unkontrollierten Bankenpanik war so groß, dass dieser institutionelle Pfeiler der Währungsunion über Bord geworfen wurde. Maßnahmen, die seit 2010 ergriffen wurden, waren:

- Mai 2010: Rettungspaket über 110 Mrd. € für Griechenland
- Mai 2010: Start eines Rettungsschirms, bestehend aus der **Europäischen Finanzstabilisierungsfazilität** (EFSF) mit einem Ausleihvolumen von insgesamt 440 Mrd. € und einem maximalen Garantierahmen von 780 Mrd. €, dem **Europäischen Finanzstabilisierungsmechanismus** (EFSM) in Höhe von 60 Mrd. € und einem Beitrag des IWF über 250 Mrd. €.
- Mai 2010: Die EZB beginnt, auf den Finanzmärkten gezielt die Staatsanleihen gefährdeter Staaten zu kaufen.
- September 2012: Einrichtung eines dauerhaften Krisenfonds, des **Europäischen Stabilitätsmechanismus** (ESM) über 700 Mrd. €. 2013 löste der ESM den EFSF vollständig ab.
- Januar 2013: Beginn des Fiskalpakts, einer Selbstverpflichtung der Unterzeichnerstaaten, eine Schuldenbremse im nationalen Recht zu verankern.

Weitere Maßnahmen, die diskutiert werden:

- **Eurobonds:** Die Staaten der Eurozone nehmen gemeinsam Schulden am Finanzmarkt auf, zu einem einheitlichen Zinssatz und mit einer gesamtschuldnerischen Haftung. Davon würden Staaten profitieren, die wie Griechenland am Geldmarkt hohe Zinsen zahlen müssen. Sie könnten dann zu deutlich besseren Konditionen Geld leihen. Die Nachteile für Deutschland wären eine höhere Zinslast als diejenige, die dem Land aufgrund seiner Bonität ohne Beteiligung an Eurobonds gewährt werden würde. Eurobonds-Gegner befürchten, dass Deutschland in Haftung genommen würde für vergemeinschaftete Kredite und dass ein niedriger Zinssatz den Schuldenstaaten die Motivation nähme, ihre Haushalte in Ordnung zu bringen. Befürworter der Eurobonds sehen in ihnen hingegen ein Mittel, um die Finanzmärkte zu beruhigen und die Spekulationen gegen einzelne Länder zu beenden.

- **Insolvenzordnung für Staaten:** Analog zu Überlegungen über geordnete Konkursverfahren bei Banken wird darüber nachgedacht, wie Länder, die sich zu hoch verschuldet haben, künftig in die Lage versetzt werden können, ihre Schulden nach klaren Regeln in einem Insolvenzverfahren neu zu strukturieren und daran auch die Gläubiger zu beteiligen. Wünschenswert wäre auch die Beendigung der Vorzugsbehandlung der staatlichen Schuldtitel. Staatsanleihen müssten eine angemessene Risikogewichtung erhalten und es sollten Obergrenzen für das Engagement in Staatsanleihen eingeführt werden, wie dies bereits bei privaten Schulden der Fall ist.

Alternative Lösungsansätze

Denkbar sind vier grundsätzliche Strategien:

- **Austritt eines Landes mit Verschuldungs- und Wettbewerbsfähigkeitsproblemen:** Zu bedenken ist: Die Perspektive eines Austritts könnte bei der Bevölkerung des Landes einen „bank run" und in der Folge ein wirtschaftliches und politisch nicht zu bewältigendes Chaos auslösen (Stichwort „**Grexit**").
- **Austritt eines wettbewerbsfähigen Landes** mit soliden Staatsfinanzen: Zu bedenken ist: Die Risikoprämien der verbliebenen Länder würden sich erhöhen. Die erhebliche Aufwertung einer neuen D-Mark gegenüber dem Euro bei einem Austritt Deutschlands würde die deutsche Exportindustrie hart treffen.
- Vertiefung der europäischen Integration zu einer **Fiskalunion:** Zu bedenken ist: Eine Fiskalunion bedeutet ein EU-weites Steuer- und Transfersystem und einen EU-weiten Finanzausgleich. Es drängt sich der Vergleich mit dem immer wieder in der Kritik stehenden Länderfinanzausgleich auf. Während hier noch der Hinweis auf die im Grundgesetz geforderte Gleichwertigkeit der Lebensverhältnisse die Forderung zu unterstützen vermag, ist die Ableitung einer dauerhaften Transferunion aus dem Postulat eines europäischen Volkes kaum plausibel zu machen.
- **Muddling-through-Strategie** – eine schrittweise Anpassung des Regelwerks. Dieser Ansatz darf als der Wahrscheinlichste gelten. Er beinhaltet u. a.: die allmähliche Verschärfung des Stabilitäts- und Wachstumspakts im Sinne des Fiskalpakts; die Verbesserung einer europäischen Bankenaufsicht; die Beteiligung privater Gläubiger an möglichen Bankverlusten.

Neue Institutionenökonomik

1 Ökonomische Verhaltenstheorie

Die klassischen ökonomischen Theorien erklären wirtschaftliche Tätigkeit der Menschen in der Regel unter bestimmten Annahmen, ohne die eine Modellbildung nicht möglich wäre. Zu diesen Annahmen gehört z. B., dass Menschen rational und eigennützig handeln, dass sie über alle notwendigen Informationen verfügen und dass sie aus dem Zusammenspiel von persönlichen Wünschen und aktuellen Bedingungen die für sie selber optimale Entscheidung fällen (homo oeconomicus). Der Markt wird als effizientes Tausch- und Organisationsinstrument gesehen. Dass Vertragspartner gesucht und Verträge geschlossen werden müssen und dass ihre Einhaltung kontrolliert werden muss, nahm die traditionelle Ökonomik als gegeben hin. Für die damit verbundenen Kosten, die sog. **Transaktionskosten**, und für die deshalb eingerichteten Institutionen interessierte sie sich jedoch nicht.

Ein moderner Zweig der Wirtschaftswissenschaft, die **Neue Institutionenökonomik (NIÖ)**, manchmal auch als **ökonomische Verhaltenstheorie** bezeichnet, hat sich in den letzten Jahren etabliert. Sie beansprucht, die Realität der handelnden Individuen stärker zu berücksichtigen und geht davon aus, dass Menschen unter unvollständigem Wissen handeln. Den „homo oeconomicus" hält sie für eine Fiktion. Die Verkürzung menschlichen Verhaltens auf ein reines Nutzenkalkül lehnt sie ab. Begriffe wie Vertrauen, Reputation und Moral hält sie für fundamental, wenn es um die Analyse ökonomischer Aktivitäten von Menschen geht.

Den entscheidenden Grund, warum manche Länder wirtschaftlich erfolgreich sind, andere hingegen nicht, sehen die Vertreter dieses Ansatzes in der Funktionsweise von Institutionen. Der Begriff, der an Verwaltung denken lässt, umfasst nach ihrer Vorstellung neben den Behörden auch alle Regeln und Arrangements, die eine Gesellschaft sich gegeben hat und die menschliches Handeln beeinflussen: Verordnungen, Gesetze, Verwaltungen und Unternehmen zählen zu den formellen Institutionen. Traditionen, soziale Normen und Mentalitäten gehören zu den informellen Institutionen.

Aufgabe von Institutionen ist es, die Verlässlichkeit gegenseitiger Verhaltensänderungen herzustellen.

2 Die institutionenlose Welt der klassischen Ökonomie

Das bekannteste Modell der klassischen Ökonomie ist das **Gleichgewichtsmodell der Preisbildung**, bei dem Anbieter und Nachfrager von Gütern und Dienstleistungen auf dem Markt zusammentreffen. Dies geschieht unter folgenden Grundannahmen:

- Den Preis diktiert allein der Markt, da auf ihm vollständige Konkurrenz herrscht.
- Alle Leistungen und Güter sind homogen, sodass der Preis einziges Unterscheidungskriterium ist.
- Alle Marktteilnehmer sind vollständig über alle Marktbedingungen informiert und es ergeben sich keine Kosten der Informationsbeschaffung.
- Anbieter und Nachfrager schließen selbstständig Verträge, ohne auf die Hilfe anderer angewiesen zu sein.
- Abschlüsse von Verträgen sowie ihre Überwachung und Durchsetzung sind problem- und kostenlos.

In einer solchen Welt ohne Transaktionskosten sind Institutionen nicht erforderlich. Doch die Wirklichkeit sieht anders aus.

So kann es geschehen, dass ein Gut nicht nachgefragt oder angeboten wird **(Bereitstellungsproblem)**, die Suche sich als mühsam erweist, da Kosten für Vergleichsangebote entstehen **(Suchproblem)**, die ausgetauschten Güter sich nicht einfach bewerten lassen **(Messproblem)** oder die Vertragspartner nicht beliebig wechseln können **(Spezifitätsproblem)**. Wo Menschen unter den Bedingungen von Unsicherheit kooperieren müssen, schaffen Institutionen ein Regelsystem, welches das Risiko für den Einzelnen vermindert.

Wo die Frage der Bereitstellung eines Gutes oder die Suche nach ihm im Vordergrund stehen, haben Institutionen die Aufgabe, ein **Koordinationsproblem** zu lösen. Stehen Vertragspartner vor der Frage, wie ein Gut zu messen oder wie die andere Seite auf ihre Vertragstreue festzulegen ist, obliegt Institutionen die Pflicht, allen Beteiligten die Sicherheit zu geben, dass der Partner sich in der gewünschten Weise verhalten werde. Institutionen lösen ein **Motivationsproblem**.

Die Forschungszweige der NIÖ setzen sich unter verschiedenen Blickwinkeln mit Institutionen auseinander und lassen sich in drei verschiedene Ansätze einteilen.

3 Ansätze der Neuen Institutionenökonomik

3.1 Der Transaktionskostenansatz

Der Begriff der Transaktionskosten

Transaktionskosten (TAK) sind jene Kosten, die bei der Übertragung von Verfügungsrechten im Rahmen von Tauschaktionen in einer Volkswirtschaft verursacht werden. Sie sind die ökonomischen Reibungsverluste, die in der realen Welt der Wirtschaftsprozesse entstehen. Sie sind die Betriebskosten des jeweiligen Wirtschaftssystems. Dass diese Kosten gegebenenfalls hoch sein können, kann jeder erfahren, der eine Immobilie erwerben oder veräußern will.

Der Amerikaner Douglass C. North erhielt 1993 für die Theorie der TAK den Nobelpreis für Wirtschaftswissenschaften. Er schätzte, dass der Transaktionskostensektor der US-Wirtschaft, der 1870 bei ca. 26 % des BNE lag, sich 1970 bereits auf 54,7 % erhöht hatte.

Im erweiterten Sinne können Transaktionen alle sozialen Handlungen sein, die für die Einrichtung, Unterhaltung und Änderung von Institutionen erforderlich sind, z. B. der Gesetzgebungsvorgang, die Verbrechensbekämpfung und das Bildungssystem. Damit sind TAK die Kosten der Organisation des Zusammenlebens der Menschen.

Probleme bei Transaktionen

Bei Transaktionen können folgende Probleme entstehen:

- **Informationsasymmetrie:** Eine Seite ist genauer informiert als die andere Seite. Das heißt, sie kann das Risiko besser einschätzen. Dies ist in der Regel der Fall im Verhältnis des Verkäufers zum Käufer, des Politikers zum Wähler, des Schuldners zum Gläubiger, des Versicherungsnehmers zum Versicherungsvertreter. Gemildert wird das Risiko durch das Vorhandensein eines Marktes. Wer seinen Wissensvorsprung missbraucht, muss damit rechnen, bei erneuten Vertragsverhandlungen aus dem Rennen zu sein.
- Schwieriger wird die Situation im Fall von **Spezifität**. Sie ist gegeben, wenn Güter nicht homogen sind, im Extremfall nur ein einziges Mal vorkommen. Nun ist die erbrachte Leistung nicht mehr mit anderen vergleichbar. In einem solchen Fall könnten z. B. Gutachter erforderlich sein, was die TAK notgedrungen erhöht. Spezifität ist auch dann gegeben, wenn ein Lieferant von einem einzigen Kunden abhängig ist. Das ist häufig der Fall bei Zulieferern in der Automobilindustrie.

Es besteht die Gefahr des „Hold up", also des Raubüberfalls im übertragenen Sinn. Verringern lässt sich die Gefahr lediglich durch Verträge, eventuell noch mit Preisanpassungsklauseln.

- Unsicherheit, genauer gesagt **Umwelt- und Verhaltensunsicherheit**, kann die Transaktionen empfindlich stören. Im ersten Fall können äußere Störungen eine Vertragsanpassung erforderlich machen. Im zweiten Fall könnte opportunistisches Verhalten eines Vertragspartners, beispielsweise eine Lüge, die Transaktion gefährden. Die Befürchtung, dass solches Verhalten mit Strafen belegt sein kann, hält die Versuchung in Grenzen.

Somit kristallisieren sich also zwei Möglichkeiten der Senkung von TAK heraus, Markt und Hierarchie. Letztere ist stark auf staatliche oder parastaatliche Instrumente angewiesen und gründet in der Regel im staatlichen Gewaltmonopol.

Eine besondere Form der Hierarchie stellt der **Clanmechanismus** dar. Er ist der Versuch, nicht auf die Kontrolle der Mitarbeiter von außen, sondern auf ihre Solidarität mit einer Institution, etwa einem Unternehmen oder einer Schule zu setzen, das heißt auf ihre Eigenkontrolle. Der Begriff des Vertrags wird nicht mehr im juristischen Sinne verwendet, sondern als eine informelle, persönliche und gefühlsbeladene Übereinkunft. In diesem Sinn funktionierende Unternehmenskulturen senken die TAK in effizienter Weise.

3.2 Der Verfügungsrechtsansatz

Die Ausgestaltung der Eigentumsverfassung einer Gesellschaft ist eine entscheidende Voraussetzung für die Leistungs- und damit Wachstumsfähigkeit einer Wirtschaftsordnung. Die Zuweisung von Eigentumsrechten wird erkennbar an einem Bündel von Einzelrechten:

- das Recht auf Gebrauch eines Vermögenswertes (ius usus),
- das Recht, die Erträge des Eigentums zu nutzen (ius fructus),
- das Recht, das Eigentum zu verändern (ius abusus),
- das Recht, das Eigentum auf andere zu übertragen,
- das Recht, andere von der Nutzung auszuschließen.

Die Verteilung der Verfügungsrechte **(property rights)** in einer Gesellschaft beeinflusst in vorhersehbarer Weise das Verhalten der meisten Menschen. Der Besitz von **Privateigentum** hat in der Regel folgende Auswirkungen:

- Die Besitzer gehen damit sparsam um. Da sie es eventuell verkaufen oder vererben wollen, sind sie an der Substanzerhaltung interessiert.
- Der Versuch, durch Besitzanhäufung die eigene Situation zu verbessern, steigert die allgemeine Volkswohlfahrt.
- Da jedes Wirtschaftssubjekt die ökonomische Umwelt beobachtet, fließt das Wissen zahlreicher Individuen in den Wirtschaftsprozess.
- Staatliche Kontrolle ist nicht notwendig, weil jeder an der optimalen Ressourcenallokation interessiert ist.

Im Gegensatz zum Privateigentum sind beim **Gemeineigentum** seine Übernutzung und ein Mangel an Investitionsbereitschaft die logischen Folgen. So sind öffentliche Güter, die allen zugänglich sind und von deren Nutzung niemand ausgeschlossen werden kann, in ihrem Bestand besonders bedroht (Gefangenendilemma). Das „Trauerspiel der Allmende" bringt es mit sich, dass der Mitbenutzer der Allmende bestmöglich seine eigenen Interessen verfolgt, ohne sich für die sozialen Kosten mitverantwortlich zu fühlen.

Auch wenn Privateigentum dominiert, sind Eigentumsrechte aufgrund unterschiedlicher Regelungen immer eingeschränkt. In diesem Fall spricht man von der Verdünnung der Eigentumsrechte. Der Besitz einer Immobilie, die nicht selbst genutzt wird und deshalb vermietet werden kann, ist im Mietvertrag so weit eingeschränkt, dass auch Rechte des Mieters berücksichtigt werden. Ähnliches gilt für Darlehensverträge. Die Rückerstattung erfolgt in einem vereinbarten Modus. Der Schuldner haftet in der Regel mit zusätzlichen Sicherheiten.

Zusammenfassend lässt sich sagen, dass die Rechtsordnung einer Marktwirtschaft

- die Verfügungsrechte aller auf Grundlage des Privateigentums,
- die Übertragung der Verfügungsrechte durch Verträge und
- die Sanktionierung der Verletzung von Verfügungsrechten nach dem Prinzip der Schadenshaftung regelt.

In zahlreichen Fällen führt die Privatisierung von Gemeineigentum bzw. staatlichem Eigentum zu einer Effizienzsteigerung. Das trifft sicherlich auf die Deutsche Telekom AG zu, die 1995 aus der Deutschen Bundespost entstand. Privatisierungen garantieren aber nicht in allen Fällen Effizienzgewinne. Ein Stück Tropenwald in der Hand eines Privatbesitzers ist eher von Kahlschlag bedroht als eines in Staatsbesitz.

3.3 Der Prinzipal-Agent-Ansatz

Probleme im Verhältnis von Prinzipal und Agent

Ein Kunde bringt sein Fahrzeug in die Werkstatt und ist erstaunt, dass die Reparaturrechnung so hoch ist. Wie soll er beurteilen, dass alle Reparaturen notwendig waren und sorgfältig erledigt wurden? Vergleichbare Beziehungen kommen sehr häufig vor. Sie liegen immer da vor, wo zwischen Auftragnehmer **(Agent)** und Auftraggeber **(Prinzipal)** eine **Informationsasymmetrie** vorliegt. Das ist auch beim Verhältnis von Vorstand und Aktionären eines Unternehmens der Fall. Hier sind die Aktionäre die Prinzipale.

Die Probleme lassen sich auf vier Typen beschränken:

- **versteckte Eigenschaften:** Beim Abschluss einer Lebensversicherung verheimlicht der Versicherte (Agent) der Versicherung eine schwere Krankheit. Die Versicherung kann das Risiko nur reduzieren, indem sie eine ärztliche Untersuchung verlangt. Ähnlich ist es auf dem Markt für Gebrauchtwagen. Der Verkäufer (Agent) kennt die Eigenschaften der Autos, der Käufer nicht. Wenn der Käufer einen mittelwertigen Marktpreis annimmt und nicht bereit ist, mehr für einen Wagen zu zahlen, dessen Wert darüber liegt, wird der Verkäufer im Laufe der Zeit die besten Autos vom Markt nehmen. So kann eine Abwärtsspirale entstehen, eine **adverse Selektion**, d. h. eine negative Auslese zugunsten schlechterer Qualität. Am Ende findet kein Handel mehr statt.
- **versteckte Handlungen:** Der Arbeitgeber kann die Handlungen des Mitarbeiters (Agent) nicht lückenlos beobachten. Drückebergerei (shirking) oder die Nutzung von Unternehmensressourcen für den privaten Zweck, z. B. die private Verwendung des Firmenwagens (consumption on the job) können die Folgen sein.
- **versteckte Informationen:** Der Kunde kann die Tätigkeit des Zahnarztes (Agent) zwar beobachten, aber nicht beurteilen. Ob der Zahn wirklich überkront werden musste oder ob eine Plombe genügt hätte, kann er nicht einschätzen.
- **versteckte Absichten:** Ob eine Person, die eine Versicherung gegen Fahrraddiebstahl abschließt (Agent), ihrer Sorgfaltspflicht nachkommen wird, kann die Versicherung nicht voraussehen. Es ist eher anzunehmen, dass der Agent in seinem Bemühen, einen Diebstahl zu verhindern, nachlassen wird. Dieses als **moral hazard** bezeichnete Verhalten kann die Versicherung als Prinzipal nicht nachweisen. Sie wird es als höhere Prämie einkalkulieren müssen.

Grundsätzlich liegt es im Interesse des Prinzipals, seine Situation, die sich aus einem Defizit an Informationen gegenüber dem Agenten ergibt, durch institutionelle Maßnahmen (Verträge, Sanktionssysteme etc.) zu verbessern. Aber auch Agenten können ein Interesse daran haben, dass die Informationsasymmetrie aufgehoben wird. Wer als gesunde Person eine Lebensversicherung abschließt, legt Wert darauf, dass sich alle abschließenden Personen einer genauen ärztlichen Untersuchung zu unterziehen haben. So werden die Beiträge moderater und die spätere Überschussbeteilung höher sein.

Lösungsansätze für Agency-Probleme
Infrage kommen marktförmige bzw. private Lösungen einerseits und staatliche Lösungen andererseits.

- **Marktförmige Lösungen:** Mittels **Selbstinformation** versucht der Prinzipal, sich einen realistischen Eindruck zu verschaffen. Schätzen die Arbeitgeber die Folgen einer Fehleinschätzung bei der Einstellung eines wichtigen Mitarbeiters hoch ein, scheuen sie nicht die Kosten eines Assessment-Centers.
  Weit verbreitet ist das sog. **Screening**, das heißt die Informationsbeschaffung über Dritte, über Sachverständige oder Rating-Agenturen. Auch dabei entstehen Kosten für den Prinzipal.
  Ausgangspunkt des sog. **Signaling** ist der Agent. Er möchte seine Qualitäten demonstrieren, sodass dem Prinzipal das Risiko vertretbar erscheint. Der Erwerb von Titeln und Zeugnissen dient der Vertrauensbildung. Darüber hinausgehende vertrauensbildende Maßnahmen sind Garantieversprechen, aber auch die Bereitschaft zur Selbstbeteiligung im Schadensfall.
  Eine gewisse Sicherheit sehen Kunden darin, **Markenartikel** zu kaufen. Der Aufbau eines besonderen Images ist für Unternehmen eine Möglichkeit, dem Käufer die Angst vor einer riskanten Kaufentscheidung zu nehmen.
- **Staatliche Lösungen** sind beispielsweise die Pflicht für Anbieter, Informationen zu liefern, zum Beispiel auf Medikamenten und Lebensmitteln, die Veröffentlichung von Untersuchungsergebnissen (Stiftung Warentest), Verpflichtungen zur Gewährleistung, die Zertifizierung von Qualitätsstandards (z. B. Prüfplaketten), das Rücktrittsrecht und das Haftungsrecht.
- **Mehrstufige Prinzipal-Agenten-Lösungen:** Bezogen auf die Geldpolitik besteht zwischen der Bevölkerung, die Steuern zahlt (Prinzipal), und der Regierung, die Steuergelder ausgibt, ein besonders brisantes Prinzipal-Agent-Problem. Die Bevölkerung kann das Verhalten des Agenten Regierung nicht genau beobachten. Die Regierung

ihrerseits beauftragt als Agenten die Zentralbank, deren Handeln der Regierung wiederum weitgehend entzogen ist.
Hätte die Regierung selbst die Möglichkeit, die Geldmenge in einer Volkswirtschaft auszuweiten und damit kurzfristig eine Erhöhung der Beschäftigung zu bewirken, die langfristig aber wieder verpuffen würde und in der Folge mit einem Anstieg der Inflation verbunden wäre (vgl. Phillipskurveneffekt), würde sie in Wahlzeiten davon sicherlich auch Gebrauch machen.
Da Politikern diese Versuchung bewusst ist, liegt es auch in ihrem Interesse, als Agent die Zentralbank zum Agenten zu machen und selbst zum Prinzipal zu werden. Um diesen Agenten auf seine Pflicht festzulegen, hatte in Neuseeland die Regierung Mitte der 90er-Jahre mit dem Präsidenten ihrer Zentralbank einen Vertrag geschlossen, der in dem Fall, dass die Inflationsrate einen jährlichen Höchstsatz überschritt, Sanktionen gegen ihn vorsah.

Nachvertragliche Prinzipal-Agent-Probleme in der Geldpolitik

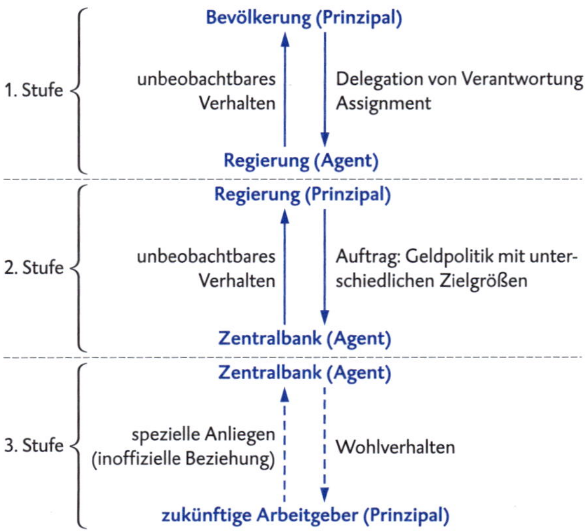

3.4 Konsequenzen für die Wirtschaftstheorie

Ob Volkswirtschaften hohe Wachstumsraten haben oder nicht, ist nicht allein eine Folge der Bildung von physischem und Humankapital. Es kommt auch auf die Qualität der Institutionen an. Im Verfügungsrechtsansatz wurde das „Dilemma des starken Staates" deutlich, der Eigentumsrechte versprechen kann, aber auch über die Fähigkeit verfügt, Eigentum zu enteignen.

Während die klassische Wirtschaftstheorie den Staat als eine exogene Instanz ansieht und die Eigeninteressen der wirtschaftspolitischen staatlichen Akteure eher ausblendet, geht die Neue Institutionenökonomik von der individuellen Nutzenmaximierung der politischen Entscheidungsträger aus. Einer normativen Erklärung staatlichen Handelns setzen ihre Vertreter eine positive Analyse anhand des sog. **Public Choice-Ansatzes** entgegen, der die Leistungsfähigkeit politischer Institutionen in den Vordergrund rückt.

So stellt die Neue Institutionenökonomik die Brücke zur Politikwissenschaft her, indem sie die Ursachen für Unterentwicklung in der Regel in **„bad governance"** sucht, d. h. in einem Institutionengefüge, das sich häufig aus ideologischen oder kulturellen Gründen einem notwendigen Wandel widersetzt.

Auch in unterentwickelten Ländern gibt es staatliche Akteure, die vom jeweiligen Status quo profitieren und befürchten müssen, sich nach einem institutionellen Wandel persönlich schlechter zu stellen, obgleich es dem Durchschnitt der Bevölkerung besser gehen würde.

Die Neue Institutionenökonomik interessiert sich auch für die internen Institutionen von Gesellschaften, für Traditionen, Gebräuche, Sitten, Kultur und Religion. Begriffe wie Vertrauen und Moral fanden wieder Eingang in die Sprache der Ökonomen.

Neue Institutionenökonomik und klassische Ökonomie schließen sich nicht aus; sie ergänzen sich. Die Neue Institutionenökonomik könnte vielleicht einmal das Dach der Sozialwissenschaften werden, unter dem sich Volkswirte, Juristen, Politologen und Soziologen versammeln können. Nicht von idealen Modellen geht sie aus, sondern von realen und realisierbaren Zuständen. In ihrer Nähe zu zahlreichen Wissenschaften drückt sich die Komplexität eines Ansatzes aus, der wirtschaftliches Handeln der Menschen verständlich machen möchte.

Stichwortverzeichnis

Abbildungsnachweis

Cover: © Soldeandalucia/Dreamstime.com
S. 9: Bundesministerium für Arbeit und Soziales (Hrsg.): Sozialbudget 2014. Berlin: Juli 2015
S. 14: © Statistisches Bundesamt, Energie-Informationsdienst, MWV-Berechnungen
S. 21: © Statistisches Bundesamt, Wiesbaden 2014
S. 22 f.: © Statistisches Bundesamt, Wiesbaden 2014
S. 26: © Statistisches Bundesamt, Wiesbaden 2014
S. 27: © Sachverständigenrat
S. 28: Wirtschaft – Materialien für den Unterricht, Bundesverband deutscher Banken (Hrsg.), Berlin 1995, Kapitel 2.5, S. 40
S. 29: © Statistisches Bundesamt, Wiesbaden 2014. 2015
S. 34: © Statistisches Bundesamt, Wiesbaden 2014. 2015
S. 36: © Statistisches Bundesamt, Wiesbaden 2011(links); Bundesagentur für Arbeit (BA): Arbeitslosigkeit im Zeitverlauf 12/2011 (rechts)
S. 37: Quelle: Bundesagentur für Arbeit (BA): Umfassende Arbeitsmarktstatistik. Arbeitslosigkeit und Unterbeschäftigung. Juni 2015
S. 39: © Statistisches Bundesamt, Wiesbaden 2014
S. 41: © Statistisches Bundesamt, Wiesbaden 2013
S. 47: © Statistisches Bundesamt, Wiesbaden 2012
S. 48: © Statistisches Bundesamt, Wiesbaden 2014
S. 49: © Statistisches Bundesamt, Wiesbaden 2014
S. 50: © Statistisches Bundesamt, Wiesbaden 2014
S. 51: Prof. Dr. Jürgen Pätzold
S. 66: Gesetz zur Anhebung des Grundfreibetrags, des Kinderfreibetrags, des Kindergeldes und des Kinderzuschlags. Vom 16. Juli 2015. Bundesgesetzblatt Jahrgang
S. 70: © Bundesministerium der Finanzen
S. 71: © Statistisches Bundesamt, Wiesbaden 2014
S. 73: © Bundesministerium der Finanzen Monatsbericht 4/2013, 6/2015
S. 75: © Statistisches Bundesamt, Wiesbaden, Volkswirtschaftliche Gesamtrechnungen (mehrere Jahrgänge)
S. 76: © 2015, IW Medien • iwd 29
S. 80: DGB einblick 01/07

S. 84: Deutsche Bundesbank, November 2014
S. 90: Die Geldpolitik der EZB. Frankfurt am Main 2004, S. 70. Diese Daten stehen kostenfrei über die Homepage der europäischen Zentralbank zur Verfügung.
S. 98: © B. Beck: Volkswirtschaft verstehen. Zürich 2006
S. 102 f.: Hans-Rudolf Peters: Sektorale Strukturpolitik, 2. Auflage, © (1996) Oldenbourg Wissenschaftsverlag GmbH, S. 42 f.
S. 105: Klodt, Henning: Tertiarisierung in der deutschen Wirtschaft. Tübingen 1997 (Kieler Studien)
S. 108: Europäische Kommission (Hrsg.): Einführung in die EU-Kohäsionspolitik 2014-2020. Brüssel: Juni 2014
S. 111: Bundesministerium der Finanzen (Hrsg.): 24. Subventionsbericht. Berlin: August 2013, S. 16
S. 112: © Bundesministerium der Finanzen
S. 114: © B. Beck: Volkswirtschaft verstehen. Zürich 2006
S. 116: Prof. Dr. Uwe Schubert, http://www.wu-wien.ac.at/inst/iuw/VO_Unterlage_U-Oek_301103.pdf (S. 48)
S. 119: © B. Beck: Volkswirtschaft verstehen. Zürich 2006
S. 123: © B. Beck: Volkswirtschaft verstehen. Zürich 2006
S. 125: picture-alliance/ dpa-infografik
S. 128: UNCTAD (Hrsg.): Handbook of Statistics 2014, S. 218, 224
S. 133: picture-alliance/ dpa-infografik
S. 158: Jürgen B. Donges/Andreas Freytag, Allgemeine Wirtschaftspolitik. Lucius & Lucius: Stuttgart 2. Auflage 2004, S. 208